こころの旅

発達心理学入門

山岸明子
Yamagishi Akiko

新曜社

まえがき

　よちよち歩きの赤ちゃんがいつのまにか色々なことができるようになり、やがて社会の一員になっていく。その発達は驚くべきものである。誰もがかつては小さな子どもだった……。親に頼り切っていた幼い頃。今から思うとつまらないことに心躍らせ、他愛ないことで心を痛めていた幼き日々。色々なことが起こり、多くのことを学び、まわりの人の影響を受け、支えられて育ってきた自分。どのようにして育ってきたのか、何が発達にかかわっていたのか。そしてこれからどのように発達していくのだろうか。

　本書は現在の発達心理学の理論や、実証的に明らかにされてきたこと、広く研究されていることを紹介し解説しながら、人間の心の発達的変化をできるだけトータルに述べること、心が一生をかけてたどる旅を描いてみることを目指している。自分が何によってどのように発達してきたのかわかりたい、まわりの人々が今どのような発達上の問題をかかえていて、どうかかわったらいいのか考えたい、というように「人間の心の発達」に関心をもつ方に本書を役立てていただけるよう、発達心理学というひとつの見取り図に基づいて、その過程を記述してみたいと思う。

　神谷美恵子氏の名著『こころの旅』は、私が発達心理学の道を歩むきっかけとなった著書であり、いつかこのようなテキストを書きたいと思っていた。神谷美恵子氏は「どこを切っても血が出るようなものを書きたい」と述べていたが、私も実証的・科学的ではあるが無味乾燥な記述になりやすいテキストではなく、できるだけ生き生きとした血の通ったものとして人間の心の発達を記述してみたいという思いをもっていた。ここ数年文学や映画（DVD）を素材にした論文を書くようになり、また文学や映画をコラムにした教育心理学のテキストを公刊したりしてきた。

　本書でも発達心理学の理論や実証的に明らかにされてきたことに基づくと共に、それだけでなく、文学や映画等に描かれた具体的な人間の姿も使って記述してみた。

i

教職につく方にとっては子どもの発達過程の理解は必須であるが、その方たちだけでなく看護、保育、介護等、対人的な援助を目指す職業に就こうと思っている方、将来親として子育てを担う多くの若い方にも、心の発達の概略をつかむために読んでいただければと思う。また現在子育てに奮闘している方、自分の今までとこれから辿るであろう「こころの旅」について考えてみたい方にも、手にとっていただければ幸いである。

目 次

まえがき ──────────────────────────────── i

第1章 発達とは何か、発達心理学とは何か ──────────── 1
 1 発達心理学とは何か   1
 2 発達心理学を学ぶ意義   2
 3 発達とは何か   6

第2章 発達を規定するもの ──────────────────── 13
 1 発達における遺伝と環境   13
 2 発達初期の経験の重要性   15
 3 発達の可塑性 ── 発達初期の経験の効果の持続性 18
 4 文化の重要性   24

第3章 乳児期 ── 母子関係の成立 ────────────────── 29
 1 有能な赤ちゃん   29
 2 母子関係の成立   32
 3 基本的信頼感   35
 4 アタッチメント（愛着）   36
 5 母子関係を規定するもの   41

第4章 幼児期 ── 自立の時期 ──────────────────── 47
 1 自我の芽生え   47
 2 幼児前期の発達課題 ── 自律性 対 恥・疑惑 49
 3 自立性の発達   50

第5章 乳幼児期 ── その様々な発達 ──────────── 55
1 運動能力の発達 55
2 ことばの発達 57
3 認知の発達 60
4 遊びの発達 66
5 対人関係の発達 70

第6章 児童期 ─────────────────────── 79
1 知的能力の発達 80
2 社会性の発達 81
3 自我の発達 88
4 大人との関係 91
5 現代社会の児童期の問題 95

第7章 青年期 ─────────────────────── 99
1 青年期におこる変化 100
2 自我同一性をめぐる葛藤と発達課題 109
3 青年期の対人関係 116
4 現代青年の問題行動 127

第8章 成人期、そして老年期 ─────────────── 133
1 初期成人期 133
2 成人期(中年期、壮年期) 140
3 老年期(老人期) 148

補章 発達障害 ────────────────────── 155
1 発達障害とは 155
2 広汎性発達障害 156
3 学習障害 156
4 ADHD(注意欠陥多動性障害) 157

あとがき			161
文献			163
索引			169

コラム

1-1	まわり道とこころの旅		5
1-2	エリクソンの生涯		5
2-1	隔離サルの異常行動とその回復		16
2-2	社会的隔離児の発達遅滞とその回復		19
2-3	刺激が剥奪された環境 ── クレーシュ		21
2-4	被虐待児の回復 ──『"It"と呼ばれた子』		23
2-5	集団行動と国民性		25
3-1	子につらくあたる母親と幼少期の経験		42
3-2	育てにくい子の子育て		44
4-1	歩けることの喜び ── 童謡「春よ来い」		49
4-2	自己鏡像への反応		49
5-1	自己中心性の例（親族の名称）		63
5-2	幼児にとってのよい子 & 愛着対象との別れ ──「約束」		65
5-3	トラウマと遊び ──『禁じられた遊び』		70
5-4	子育てを担う父親 ──『クレイマー、クレイマー』		73
5-5	感情の発達		75
5-6	暴力的な6歳児の事例		76
6-1	生産性課題を目指した連帯 ──『エーミールと探偵たち』		85
6-2	前思春期のチャム ── 羽仁進少年と『赤毛のアン』		87
6-3	ギャング・エイジの少年たち ──『スタンド・バイ・ミー』		89
6-4	小児がんの直也くんの生産性課題		90
6-5	少年を支える空想上の友人 ──『いけちゃんとぼく』		94
7-1	性の目覚め ──『北の国から』		103
7-2	思春期の心理 ── 石川啄木・『アンネの日記』『愛を読むひと』		104
7-3	同一性拡散 ── 村上春樹の小説		113
7-4	同一性拡散から否定的同一性へ ──『青い春』		114
7-5	子離れできない母 ──『海辺の光景』		118

7-6	相手にあわせて演技する高校生	123
7-7	恋愛のむずかしさ	125
7-8	『死刑でいいです ─ 孤立が生んだ2つの殺人』	130
8-1	母子相互作用で使われる技法	135
8-2	『ネグレクト』── それをもたらした要因	137
8-3	被虐待からの立ち直り	138
8-4	アイデンティティの問い直し ── 齋藤茂吉の歌	143
8-5	村上春樹の作品に描かれた成人期の発達課題	145
8-6	「折々のうた」にみる成人期の発達課題	146
8-7	神谷美恵子と生殖性課題	147
8-8	老年期の人生の受容 ── 『トト・ザ・ヒーロー』	152
8-9	老年期の危機と回復 ── 『アバウト・シュミット』	153
補-1	「トットちゃん」と「こうた」の行動と大人の対処	158

装幀＝難波園子

第1章 発達とは何か、発達心理学とは何か

1 発達心理学とは何か

　一日のほとんどを寝てすごし、他者からの養護なしでは全く生きていけない赤ちゃん、欲求充足だけを目指していた赤ちゃんが、数年たつと言葉を話し、仲間と一緒に遊び、時には自分を抑えることもできるようになっていく。そして地球上で最高度の発達をとげ、自分が所属する社会やその文化を受け継ぎ、さらに発展させるようになっていく。その見事な発達は何によってどのように起こるのか、その法則性を知りたい ── それが発達心理学という学問の始まりである。

　発達心理学は、まず発達のプロセスを記述することから出発した。発達的変化が著しい子どもや青年の行動を観察し記述することにより、幼児心理学や児童心理学、青年心理学という形で体系化されていった。

　そして発達のプロセスを記述することが、何がどう変化していくのかの解明につながっていった。たとえば言葉は1歳すぎから出てくるが、急に出てくるわけではない。出生直後からの母親との目と目の見つめ合いや、母親が声をかけると乳児が微妙に動くというような相互作用がコミュニケーションの始まりであり、また物のやりとり（渡したりもらったり）や指さしが言語を使うことの基盤にあるというように、言葉がどのようなかたちで始まって形成されていくのかの研究 ── 行動の発生的究明 ── がなされるようになってきた。そしてピアジェ（Piaget, J.）が明らかにしたように、言語をもつ前の乳児も自ら外界に働きかけ、そのフィードバックを感覚で受けとめることにより、外界を認知し「考えて」いるのであり、思考の起源は外界への働きかけにあるということ

がわかってきた。

　さらに発達心理学は発達や行動形成のメカニズム・法則を明らかにしようとする。発達を規定するものは何か、遺伝と環境は発達にどの程度寄与しているのか、どのような環境要因が関与し、何により行動形成がおこるのかの解明である。この問題はどのような経験が発達に関与し発達を促すか、また反対にどのような環境・経験が発達を歪め、そこから回復するにはなにが必要なのかの問題であり、教育心理学や臨床心理学の課題に重なってくる。

　以上のように発達心理学は、発達のプロセスを明らかにし、何がどのような形で始まりどのように変化していくのか、何がそこに働いているのか、その法則性を明らかにする学問であるといえる。そして最近の発達心理学は、そのような課題を人間の全生涯 (life span) にわたって考えようとしている。以前は「発達」は子どもや青年を対象として検討されていたが、成人や老人も発達していると考えられるようになり、1980年代から**生涯発達心理学**と言われるようになってきた。発達的変化の著しい子ども時代を終え、大人になれば加齢による衰え以外の変化はなく安定した時期と考えられていたが、成人や老人も各々新たな生活状況に直面し、それまでとは違った生き方を模索し、さまざまな葛藤を乗り越えて、変化し続けていると考えられるようになった（青年期危機だけでなく、中年期危機もあるし、老人にも特有な危機があるのである）。現代の発達心理学は、人間の生涯全体を対象とするようになっている。

2　発達心理学を学ぶ意義

　発達のプロセスやメカニズムを理解することの意義は、まず第一に適切な対人的対処を可能にすることにある。適切な対人的対処には人間一般の心理（人は〜の状況では〜の行動をとる）やその人に特有なパーソナリティを理解すること ―― 心理学の知識 ―― が必要だが、どのような発達レベル、発達状況にあるのかの情報も重要である。人間はどのような過程を経て発達するのか、そしてある人が現在どの発達段階にあるのかわかっていれば、現在のその人の問題をどうとらえ、どう対処したらいいかがある程度わかるだろう。

　たとえば乳児期に母子の絆が形成されることの重要性、そしてそれがどのよ

うにして形成されるのかがわかっていれば、母親の子どもへの対し方のヒントが得られるし、まわりの人も、問題がおこりそうな時に援助をして問題がおこるのを予防することが可能だろう。反抗期でことごとく反抗する子に対して、今はそのような時期でありネガティブな現象に見えるけれど、発達上意味があることなのだと理解していれば、イライラしたり自分の育児に自信を失ったりせずに、見通しをもって対処することができる。そのような知識が全くなければ子どもや自分を過度に責めたり、子どもを押さえ込むことにもなりかねず、不適切な対処からさらに発達上の問題が生じることも考えられる（押さえ込まれた幼児は自立できず、母親は育児ノイローゼや虐待に走るというように……）。発達障害の子に対する対処も、「発達障害」についての理解がなければ、問題児を修正するという観点だけになってしまい、問題性を強めることになりかねない。

　第二に、発達心理学を学ぶことは自己理解を促す。現在の自分が如何に形成されてきたのか、そのプロセスを振り返り、自分の発達過程を客観的に見ることができる。そして自分の発達にはどのような特徴があるのか、何がそのことに関与しているのかについても考えることができる。一般的な発達過程を学ぶ中で、「自分だけかと思っていたが、誰にでもあることがわかって安心した」と思う学生もいれば、「自分に特有な自分だけのことだと思っていたが、そうでないことがわかってがっかりした」と言う者もいるが、個人的な体験についての理解や解釈を客観的・科学的なものにすることで、自分の発達を相対的に見直すことができる。

　ほとんどの人は自分の発達過程に何らかの問題を見つけると思うが、問題を意識化することは重要である。意識化されない問題は大きな問題になりうるが、意識化されれば相対化され、まきこまれずに距離をもって対処することが可能になる。そして望ましい発達にはどのような経験が必要かがある程度わかっているので、そちらに自分を方向づけることも可能である。

　教育・育児・看護・介護というような対人的な援助は関係性の中で行われるため、自分がどのような特徴や問題をもっているかを理解しておくこと —— 自己理解 —— が必要とされる。たとえばある子どもに問題があると感じられる場合、それは子どもの問題であると同時に、関係をもつ者と子どもの問題である場合も多いのである（不適応とは環境とのミスマッチであり（近藤, 1994）、同

じ子どもが担任によって不適応的にも適応的にもなりうる)。立場が弱い者とのかかわりでは、相手に問題を投げかけてしまいがちなので、特にそのことを意識しておく必要があると思われる。

　第三の意義として、発達的視点で人、自分を見られるようになることがあげられる。どの人も発達し変化しつつある存在であり、今見えている姿だけなのではない。それぞれが各自の独自の歴史をもち、未来をもっているのであり、過去の積み重ねとして現在があり、現在とは異なる未来をもつ可能性があるのだ。したがって今がよいからといって、未来もよいわけではないし、現在問題や葛藤をかかえていることは必ずしもネガティブなことではなく、葛藤があることが発達を促すかもしれない。たとえば3歳くらいの子どもが親の介入に全く反抗せず、親の言う通りにおとなしく従っている場合、親子間に葛藤はなく問題がないように見えるが、自分の意志でいろいろなことができるようになり自立・自律を目指すようになっている幼児が、常に親の言う通りにおとなしく従っているとすれば、「自我の芽生え」「自分でやろうとする自立性の発達」においてむしろ問題がある可能性もある。

　あるいは現在大きな問題をかかえていても、それは今までの状況への最大限の対処の結果なのかもしれない。現在の問題を現在の視点からだけ見るのではなく、過去－現在－未来という連関の中で、広く深く人間を見ることを学んでいただきたいと思う。今だけでなく長期的視点で人間を見ること、そして人間は変わりうる（＝発達の可塑性）ととらえることが、発達心理学の人間観であるといえる。ただし可塑性は常にあるわけではなく、可塑性がどのくらいあるのか、どのような条件がある時に可能なのかを検討することも学問上の大きな課題である。

　コラム 1-1 は神谷美恵子著『こころの旅』の一文である。青年期に問題や葛藤をかかえ落伍者のように見えた者が、問題や葛藤をかかえたゆえに後に豊かな人生を送ることもあることが記されている。うまくいかず、苦しい思いをしていることが、前進のための停滞であることもある……。今だけでなく長期的視点で人間を見ること、人間は変わりうることが美しい文章で綴られている。

　コラム 1-2 に、コラム 1-1 で言及され、また本書が最も準拠しているエリクソンの人生を記した。彼は「自分とは何か」の問いに常に曝されていて、同一性拡散の状態（7章2節参照）に耐える中で、その理論を構築していったことが

わかる。自分の出自がわからない、集団所属が不明確で差別を受け居場所がない状況、自分の生き方を模索する長い放浪時代、異国の地への定住とそこでの活躍、そしてダウン症の息子を授かった苦悩……。彼の自我発達理論は、そのような人生から編み出されたのである。

> **コラム　1-1　まわり道とこころの旅**
>
> いずれにせよ、青年期にまわり道をすることは一生のこころの旅の内容にとって必ずしも損失ではなく、たとえ青年期を病の中で過ごしたとしても、それが後半生で充分生かされることが少なくない。人間は「ただではころばない」という芸当もできるのである。落伍者のように見えた青年の中から、後にどれだけ個性豊かな人生を送る人が生まれたことだろう。それは彼のこころの道中で、順調に行った人よりも多くの風景に接し、多くの思いに心が肥沃にされ深く耕されたためだろう。そのためにやっと「わが道」にたどりついた時、すらすらと一直線でそこに来た人よりも、独特のふくらみを持った、人の心に迫る仕事をすることができるのだろう。エリクソン自身の人生と仕事がそのいい例である。
>
> 〔神谷美恵子, 1974〕

> **コラム　1-2　エリクソンの生涯**
>
> 1902年ドイツのフランクフルト生まれ。母はユダヤ系デンマーク人でシングル・マザー。父の名は生涯明かされなかった。3歳の時に母親の再婚でユダヤ系ドイツ人で小児科医の養子となる。北欧系の風貌をしているため、ユダヤ系社会や教会で差別され、一方ユダヤ人であることでドイツ人コミュニティでも差別を受ける。青年期には画家を志し芸術学院に進学するが、卒業はせず、その後各地を転々とし放浪生活を送る。
>
> エリクソン（Erikson, E. H.）

友人の紹介でウィーンの私塾で絵の教師になり、そこでアンナ・フロイトと出会う。精神分析を学び、ウィーン精神分析研究所で児童の分析に従事。1933年アメリカに渡る。ボストンに滞在（1939年アメリカ国籍）。アメリカで最初の児童精神分析家となる。その後バークレー、ハーバードの教授。1994年没。

なお第4子はダウン症で、生涯を障害児施設で過ごしたという。エリクソンはほとんど交流をもたなかったが、その苦悩と絶望が理論に影響していることが指摘されている。

〔岡本, 2010〕

3 発達とは何か

(1) 発達の基本的原理

発達とは「年齢と共に心身の構造や機能を変化させていく過程」と定義されている。そのような変化には連続的、漸進的におこる量的変化と、非連続的な質的変化があり、発達はその両方を含む。外部から観察可能な量的変化、特に身体面での変化を量的増大においてとらえる場合は「成長」と言われる。発達には少しずつ徐々に変化していく過程と、飛躍的に大きく変わる場合がある（少しずつものごとがわかっていくことと、ものの見方ががらっと変わることのように）。そして一つの現象が両方を兼ねる場合もある。たとえば身体の筋肉や神経が徐々に発達し、それらの協応関係も連続的にスムースになっていくことで徐々に「歩行」が可能になっていくが、歩行が可能になることで「自分の意志で自由に動ける」ようになり、子どもの生きる世界はそれまでとは大きく変わるというように。質的変化によってその前後が大きく異なり、それぞれがまとまりをもつ時「発達段階」が生じる。

第二に、発達は獲得・増大のプロセスが主であるが、消失・衰退のプロセスも含む。原始反射（3章1節参照）はやがて消失し、不随意ではない意志に基づく行動になっていく（たとえば把握反射から意図的な把握へ）。高齢者が身体的機能を衰退させていくのも発達的変化である。ただしそれは単なる衰退だけではなく、それをどう受け止め、そのことにより心理的にどう変化するのかと

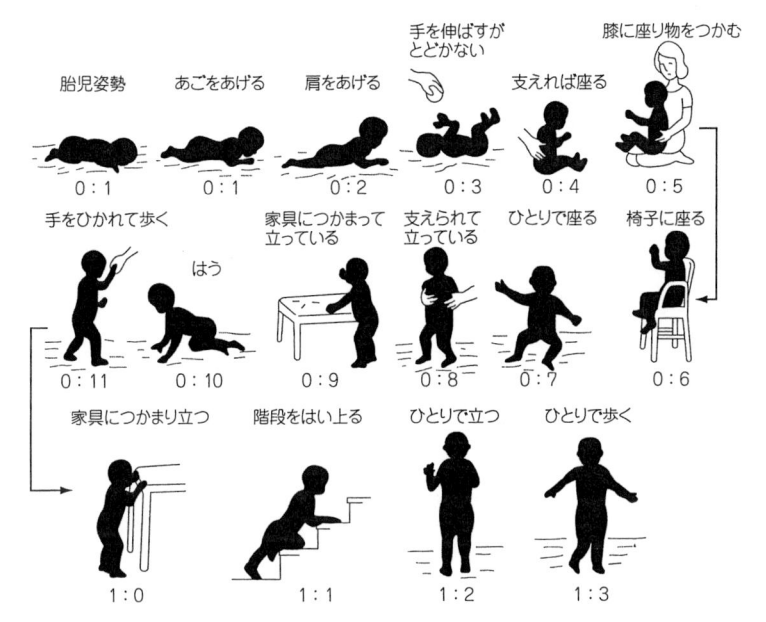

図1-1　乳児の二足歩行までの変化（白佐, 1982；無藤他, 2004 より）

いう側面が含まれている。

　第三に、発達には順序性と方向性がある。赤ちゃんが歩くようになる過程には一定の順序があり（図1-1参照）、また運動発達の方向性は図1-2のようである。発達は分化と統合に向かって進み、未分化な全体的運動から各部位別の運動へ、そしてそれらが連結した運動へと進む。何の区別もなかった外界も分化していってものごとがわかるようになり、自他も未分化から分化へと進んでいく。

　第四に発達とは受胎から死までの過程全体を指すようになり、生涯発達心理学と言われるようになった。新生児は何もできないわけではなく、それなりに色々な能力をもち、それが胎

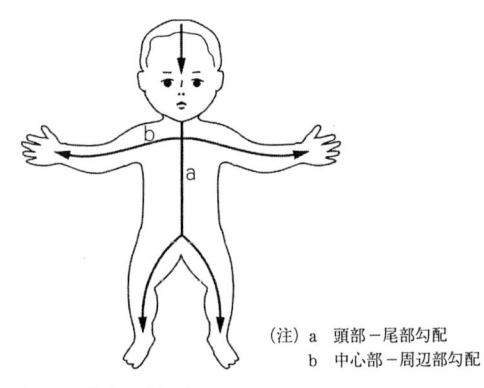

(注) a　頭部－尾部勾配
　　 b　中心部－周辺部勾配

図1-2　発達の進行方向（Goodenough, 1945; 谷田貝, 1992 より）

第1章　発達とは何か、発達心理学とは何か　7

期から準備されていることも研究法の開発と共に明らかになり、また人間は死ぬまで新たな状況に直面しそれに対処するという意味で変化し続けており、生涯を通して発達すると考えられている。

そして発達は環境とのかかわり、他者とのやりとりの中で進み、相互作用をする両者が共に発達するという特徴がある。乳児は母親からの世話を受ける中で乳児期の発達課題を達成し発達していくが、同時に世話をする母親もその過程で成人としての発達を遂げる。エリクソンによれば、子どもや次世代の世話をすることが成人期の自我を発達させるのである。

(2) 発達段階と発達課題

発達によって質的変化が生じる時、質的に異なったまとまりが**発達段階**であり、人間の生涯の発達過程をいくつかの発達段階に分ける考え方が発達段階論である。ハヴィガースト（Havighurst, R. J.）やエリクソンはそれぞれの発達段階には特有の果たさなければならない課題、**発達課題**があるとした（表1-1、図1-3）。質的変化に伴い、それまでの生き方を変革し新しい段階にふさわしい生き方が必要になり、その課題を達成することが人間の発達になるとする考え方である。

ハヴィガーストは発達課題の源泉として、(1) 身体的成熟、(2) 社会・文化からの圧力、(3) 本人の欲求、の3つをあげ、発達課題とは身体的・心理的要請と社会・文化的要請の統合であるとした。たとえば乳幼児期の1番目の発達課題「歩くことを学ぶ」は基盤に身体的成熟があり、「歩いてほしい」という社会・文化的要請や、それと関連してもたれる「歩きたい」という本人の欲求が関与している。そして「発達課題を達成すればその人は幸福になり、以後の課題の達成も可能になるが、失敗すれば社会からの非難と不幸をまねき、以後の課題達成も困難になる」のである。なお社会・文化からの要請は時代や社会によって異なるため、表1-1にある青年期から成人期、老年期の年齢等は、現代の日本ではいくらか異なっていると考えられる。

エリクソンは各発達段階には特有の**危機**（crisis）があるとした。個体の成長に伴い、内的・外的環境が変動し、新しい生き方が必要になる。危機とは分かれ目の意味で、うまくいくか否かの瀬戸際であり、肯定的なものと否定的な

表1-1　生涯をとおしての発達課題（Havighurst, 1972／児玉他訳, 1997 より）

Ⅰ．乳児期および幼児期 ──〔誕生からほぼ6歳まで〕
1. 歩くことを学ぶ
2. かたい食べ物を食べることを学ぶ
3. 話すことを学ぶ
4. 排泄をコントロールすることを学ぶ
5. 性のちがいと性にむすびついた慎みを学ぶ
6. 概念を形成し、社会的現実と物理的現実を表わすことばを学ぶ
7. 読むための準備をする
8. 良いことと悪いことの区別を学んで、良心を発達させはじめる

Ⅱ．児童期 ──〔ほぼ6歳から12歳〕
1. ふつうのゲームをするのに必要な身体的スキル（技能）を学ぶ
2. 成長している生物としての自分について健全な態度をきずく
3. 同じ年ごろの仲間とうまくつきあっていくことを学ぶ
4. 男性あるいは女性としての適切な社会的役割を学ぶ
5. 読み、書き、計算の基本的スキル（技能）を学ぶ
6. 日常生活に必要な概念を発達させる
7. 良心、道徳牲、価値基準を発達させる
8. 個人的な独立性を形成する
9. 社会集団と社会制度にたいする態度を発達させる

Ⅲ．青年期 ──〔12歳から18歳〕
1. 同性と異性の同じ年ごろの仲間とのあいだに，新しいそしてこれまでよりも成熟した関係をつくりだす
2. 男性あるいは女性としての社会的役割を獲得する
3. 自分の身体つきを受け入れて、身体を効果的につかう
4. 両親やほかの大人からの情緒的独立を達成する
5. 結婚と家庭生活のために準備をする
6. 経済的なキャリア（経歴）に備えて用意する
7. 行動の基準となる価値と倫理の体系を修得する──イデオロギーを発達させる
8. 社会的責任をともなう行動を望んでなしとげる

Ⅳ．成人前期 ──〔18歳から30歳〕
1. 配偶者を選ぶ
2. 結婚した相手と一緒に生活していくことを学ぶ
3. 家族を形成する
4. 子どもを育てる
5. 家庭を管理する
6. 職業生活をスタートさせる
7. 市民としての責任をひきうける
8. 気のあう社交のグループを見つけだす

Ⅴ．中年期 ──〔ほぼ30歳から、だいたい60歳くらいまで〕
1. ティーンエイジに達した子どもが責任をはたせて、幸せな大人になることを助ける
2. 成人としての社会的責任と市民としての責任をはたす
3. 自分の職業生活において満足できる業績を上げて、それを維持していく
4. 成人にふさわしい余暇時間の活動を発展させる
5. 中年期に生じてくる生理的変化に適応して、それを受け入れる

Ⅵ．成熟期 ──〔60歳から後〕
1. 体力や健康の衰えに適応していく
2. 退職と収入の減少に適応する
3. 配偶者の死に適応する
4. 自分と同年齢の人びととの集団にはっきりと仲間入りする
5. 社会的役割を柔軟に受け入れて、それに適応する
6. 物質的に満足できる生活環境をつくりあげる

		1	2	3	4	5	6	7	8
老年期	Ⅷ								統合性 対 絶望
壮年期	Ⅶ							生殖性 対 自己陶酔	
成人期	Ⅵ						親密性 対 孤立		
青春期、青年期	Ⅴ					同一性 対 同一性拡散			
学童期	Ⅳ				生産性 対 劣等感				
幼児後期	Ⅲ			自主性 対 罪悪感					
幼児前期	Ⅱ		自律性 対 恥、疑惑						
乳児期	Ⅰ	信頼 対 不信							

図1-3　エリクソンの発達課題（Erikson, 1964）

表1-2　発達課題と特有の危機による基本的活力（Erikson, 1964から構成）

段階	心理-社会的危機状況	基本的活力（徳）	重要な対人関係の範囲	心理-性的段階
Ⅰ	信頼：不信	望み	母親的人間	口唇期
Ⅱ	自律性：恥・疑惑	意志	両親的人間	肛門期
Ⅲ	自主性：罪悪感	目的感	基本家族	エディプス期
Ⅳ	生産性：劣等感	有能感	「近隣」学校	潜在期
Ⅴ	同一性：同一性拡散	忠誠心	仲間集団と外集団、リーダーシップのモデル	性器期
Ⅵ	親密性：孤立	愛情	友情、異性、競争、協力の相手	
Ⅶ	生殖性：停滞・自己陶酔	ケア	労働と家族	
Ⅷ	統合性：絶望	知恵	「人類」「私の種族」	

ものが対になった発達課題があり、肯定的なものが否定的なものを凌ぐことで課題が達成される。そして課題が達成されることで人格的強さ（段階特有の**基本的活力**：virtue）がもたらされ、人を生き生きとさせる内的力となると述べられている（表1-2参照）。エリクソンの自我発達論も20世紀半ばに提唱されたものであり、社会のあり方は大きく変わっているが、それにもかかわらず現代の人間の発達を見る際の指針になると思われるので、以後の各章で自我の発達として詳しく見ていく。

第2章 発達を規定するもの

　本章では、何が発達を規定するのかの問題について、まず遺伝と環境の問題、そして発達における環境や経験の重要性、特に発達初期の経験の重要性について、当たり前の環境が与えられなかった場合を通して示し、さらにその初期経験の効果は後の経験によって変わりうるのかどうか —— 発達の可塑性 —— について論じ、最後に文化という環境がもつ影響力について述べる。

1　発達における遺伝と環境

　発達が何によっておこるのか、遺伝によるのか、それとも環境によるのかの問題は、古くから関心がもたれてきた。もし遺伝によって発達が決まってしまうのであれば、生まれた時からどのような環境でどのような経験をしても発達は変わらないわけで、本人の努力も教育も本質的には意味をもたなくなる。
　ある特性が遺伝によるのか、それとも環境によるのかを明らかにするために、(1) 家系研究、(2) 双生児法、(3) 養子研究と、さまざまな方法で検討がなされてきた。**家系研究**は1つの家系にある形質の者がどのくらい見られるかを調べる研究法で、音楽家のバッハや『種の起源』のダーウィンの家系では天才が続出している（たとえばバッハの家系は4代60人中42人が音楽家である）ことから天才と遺伝の関連が言われ、またカリカック家は社会的問題行動が続出した有名な家系である。
　双生児法は双子の対の類似度を比較するもので、異環境で育った一卵性双生児の類似度を比較したり、一卵性の双子と二卵性の双子の類似度を比較したりして、**遺伝規定性**の強さを導き出す。一卵性双生児は1つの受精卵が2つに分

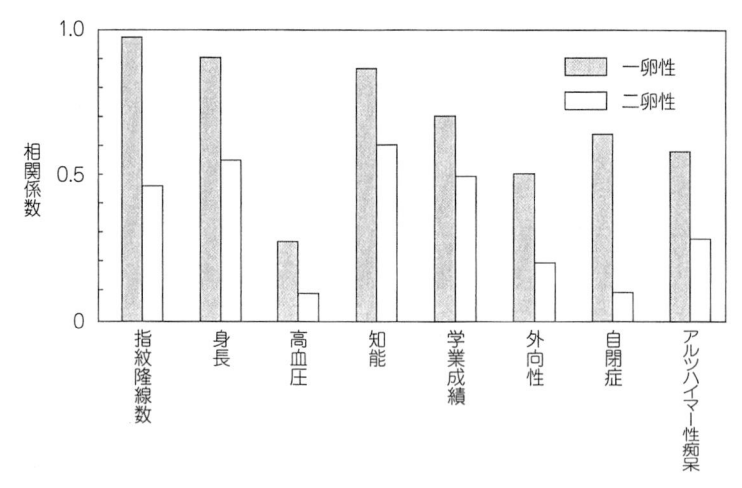

図2-1　身体的・心理的形質における双生児の類似度（安藤，2000より構成）

かれたもので遺伝的にはクローンであるのに対し、二卵性双生児は2つの卵子が同時に受精したもので、兄弟が同時に産まれたようなものである。一卵性の対でもし違いがあれば、環境によるものと考えられる一方、二卵性の対の違いは遺伝＋環境であり、したがって一卵性が似ていて二卵性の類似度が低い場合は、遺伝規定性が強いということになる（図2-1）。

　遺伝と環境の問題は、当初は遺伝と環境のどちらの方が強いかという問題のたて方であったが、現在は、遺伝と環境の効果は相互に影響し強め合っていると考えられている（相互作用説）。たとえばIQの高い親の子どものIQが高いのは、必ずしも遺伝の影響だけはなく、IQの高い親は、知的発達を促す環境を提供している可能性も高い。カリカック家の知的障害のある女性との子孫たちは、貧しく不利な環境で生活せざるをえなかっただろうし、バッハ家の子どもたちは音楽を学ぶ最良の環境にあったと考えられる。親のもつ傾向は、遺伝として子どもに作用すると同時に、提供する環境をも規定しているのである。さらに子どもが生得的にもって生まれた傾向が自分の生きる環境を規定するということもある（たとえば活発な子はまわりの大人が手をかけるような環境、おとなしい子はあまり手をかけない環境を作りやすい）。

　現代の遺伝学では遺伝を考える時、遺伝子型（遺伝によって伝達された遺伝的構成）と表現型（観察可能な特性）に分けることが提唱され、表現型の類似

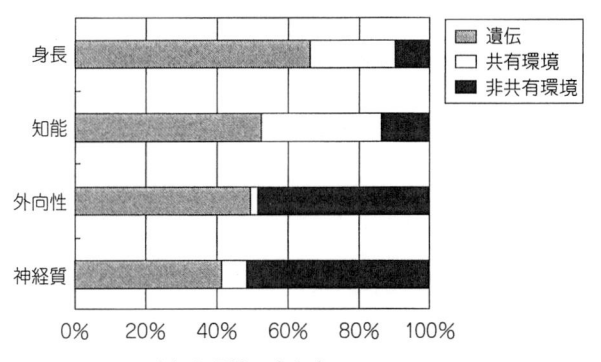

図2-2 遺伝と環境の寄与率（安藤, 2000 より構成）

度が遺伝子型によるのか、それとも環境 —— 家族が共有している共有環境と、同じ家族でも異なる一人ひとりに固有な非共有環境から成る —— によるのかが統計的に解析されている。それによると、知能指数は遺伝子型の影響が 50 % 程度で共有環境の影響も大きい（ただし成人期では遺伝規定性が増加し共有環境の影響は減少する）。また外向性や情緒的安定性などのパーソナリティは、遺伝の影響が 50 % 程度で環境の影響はほとんど非共有環境であることが示されている（図2-2）。

2 発達初期の経験の重要性

前節では遺伝的な潜在能力も環境によって顕在化することを述べたが、環境の力は特に発達初期に大きい。**初期経験の重要性**についてはローレンツ (Lorenz, K. Z.) の**刷り込み・刻印づけ**（imprintng）が有名である。雛鳥が母鳥の後を追うという行動は「本能」によるもので普遍的に見られると思われていたが、孵化後すぐにローレンツを見た雛は彼を追いかけるようになってしまった。母鳥の後を追うという行動は生得的なものではなく、実は孵化後すぐに見た動くものが母鳥だったという経験に基づいていること、そしてそれは発達初期の特殊な学習 —— 極短期間の**臨界期**のみに、繰り返すことを要さず成立し、一旦成立してしまうと非可逆的で変え得ない —— であることが示された。

初期経験の剥奪としてハーロー（Harlow, H. F.）はアカゲザルを母親や仲間か

コラム 2-1　隔離サルの異常行動とその回復

　母親や仲間から引き離されて 1 匹だけ隔離して育てられたアカゲザル（その期間は 3、6、12ヶ月であった）は、隔離を終えて仲間のいるケージに入れたところ、さまざまな異常行動が見られた。隔離ザルは仲間を恐れ、

隔離後ケージに入れられて怯えている隔離ザル

攻撃される隔離ザル

奇異な姿勢で引きこもる隔離ザル

治療ザルが接触の快感を与える

〔ハーロー＆メアーズ／梶田ほか訳, 1985〕

回復した隔離ザル

> 奇異な姿勢で引きこもっていたという。仲間に入れず、攻撃されても仕返しもできずにやられっぱなしだし、反対に大人のサルに刃向かったり（サルの社会では危険な行動）する等、社会的な行動がとれなかった。
> 　異常なサルを沢山育ててしまったハーローは心を痛め、何とかよくならないかと色々な試みをした。そして攻撃的でなく、ぴったりと抱きつく若い時期のサルを治療ザルとして訓練し、隔離ザルに後ろから近づき身体的接触を与えることを試みた。すると6ヶ月の隔離で社会的行動がとれなかったサルが、身体的接触開始から6ヶ月後には回復したことを報告している。初期経験の剥奪によって生じた問題が、その後治療的経験を与えられることにより、修復できることが示されている。

ら引き離し、1匹だけ隔離して育てるという実験を行っている。母親や仲間と共にすごすというごく当たり前の経験を一定期間させないで育てると、群居性の種であるにもかかわらず仲間とかかわれず、異常な行動を取るようになってしまった（コラム2-1参照）。

　人間において初期経験の重要性が劇的に示されているのが**野生児**である。野生児についてはいくつもの報告があるが、どの事例も四つ足歩行であり、言語をもたなかったことが報告されている。フランスで発見された野生児は、発見当初言葉をもたず、人間らしさは全く見られなかった。イタールの記録（『アヴェロンの野生児』）によると、5年間にわたって正常な人間に戻すための教育が行われたが、感覚機能の回復などいくつかの改善は見られたものの、完全に回復することはなく、言語も書き言葉は少し習得したが、話し言葉は全く使えるようにならなかった（なお野生児は遺棄された自閉症児ではないかという批判や、有名な『狼に育てられた子 ── アマラとカマラの養育日記』の写真は捏造されたもので、記録についても信憑性に問題があるとの指摘もある）。

　野生児の例は、人間としての遺伝的素質を持って生まれても、それを実現する環境がなければ「人間」にはならないことを示している。「直立歩行」と「言語をもつこと」は人類の特徴とされるが、極端な環境の悪条件によって人間のもつ遺伝的可能性、生得的装備が実現化しない場合もあることが示されている。

3 発達の可塑性 ── 発達初期の経験の効果の持続性

　発達にとって初期経験は非常に重要であり、ローレンツのハイイロガンにおいては一旦成立すると非可逆的であったということを述べてきたが、刷り込みの特徴は高等になるにつれ明確でなくなってくる。ハーローの隔離ザルもその後の対応によってある程度修復が可能だったことが報告されている（コラム2-1参照）。

　では、人間の場合はどうであろうか。初期経験の効果は後の経験によって変えうるのか、**発達の可塑性**はどのくらいあるのかについて、不適切な環境に置かれてしまったいくつかの事例を通して見てみる。

(1) 野生児・社会的隔離児

　2節で述べた野生児の場合、人間社会に戻ることにより何とか直立歩行になり、遅々とした発達ではあったが言語もいくらか習得し、人間的な感覚や感情もいくらかもつようになっている。ただし言語習得の臨界期をのがしてしまったため、言語の習得には大きな限界があった。

　野生児のような完全な隔離ではないが、家族からほぼ放置されてかろうじて生きていた事例のその後の経過が日本でも報告されている。発見された時6歳と5歳であった姉弟は**発達遅滞**が著しく、発見当初は、身体発育は1歳半程度、言葉はなく、歩行もほとんどできない状態であった（コラム2-2参照）。

　乳児院に収容され、心理学者や教育学者、保育士等から成る治療回復チームが作られた。担当保育士との間に愛着関係が成立すると共に、身体面、運動面、社会性、情動、言語等、さまざまな面でめざましく回復していき、2年遅れて小学校に入学、高校にも入学し、その後も社会人として順調に生活していると報告されている（この2人の場合、回復のきっかけは保育士との**愛着**関係で、すぐに愛着関係を形成できた姉は順調に回復、弟ははじめ愛着が形成できず遅滞が顕著だったが、保育士が交替した後、急速に回復したという）。

　発達初期に発達促進的な働きかけを一切受けず、極端な遅滞があったにもか

コラム 2-2　社会的隔離児の発達遅滞とその回復

　1972年9月、ある県の小さな町で、屋外の小屋で放置されている6歳と5歳の姉弟（F、G）が発見された。養育の欠如と劣悪な栄養状態のため、極度の発達遅滞であった。母親は2人の子を連れて再婚したが、父親は定職もなく昼から飲んでゴロゴロしている人で、さらに5人の年子が生まれ、母親は心身共に疲労し、次第に養育を放棄するようになる。年子の子が下にいくにつれ、養育放棄の程度が進み、発達遅滞も進み、下にいく程IQが低下している。1つ年上のEは小学校入学時身長1メートルで、幼稚な行動が見られたという。母親はF、Gにミルクを抱いて飲ませた記憶がなく、言葉かけも「食え」だけだったと話している。借りていたお寺の本堂で放置状態だったが、はいはいして居間に来てたれ流すので、屋外に移した。食事は1日1回、Eが運んでいた。Eは昼間裏庭で遊び相手になった（手先の技能を使う事は可）。母親への愛着は見られず、F、G相互の愛着関係もない。図2-3は家族関係、図2-4は姉の身長の成長曲線である。救出後、6年遅れで通常の場合と同様な線を描いている。　　　　　　〔藤永他, 1987〕

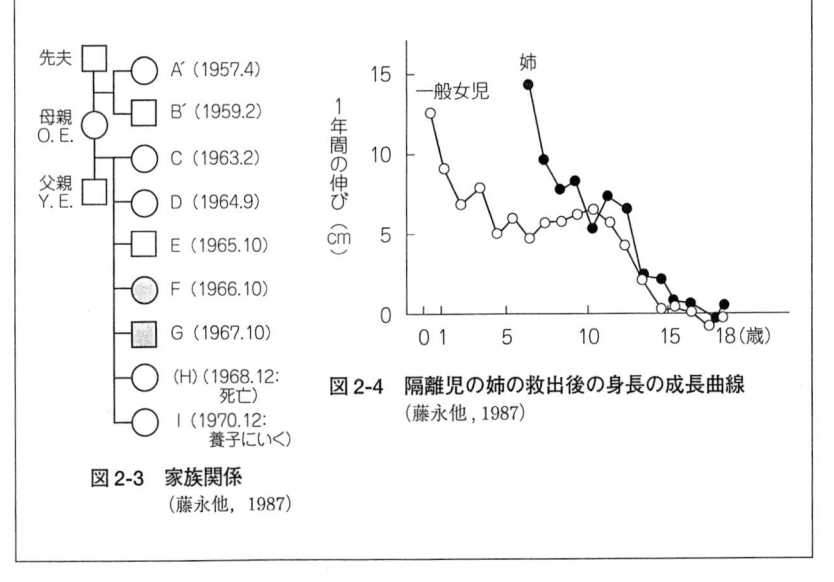

図2-3　家族関係
（藤永他, 1987）

図2-4　隔離児の姉の救出後の身長の成長曲線
（藤永他, 1987）

かわらず、その後の対応によって遅れを取り戻すことができた事例である。その他にもさまざまな事情で社会的に隔離されて育ってしまった事例のその後の経過について報告があるが、順調に回復した場合と問題が残った場合がある。対応によっては修復が不可能ではないといえる。

(2) 施設児

孤児院や乳児院のような施設で育つ子の問題は1900年のはじめ頃から指摘されており、施設病（hospitalism）と名付けられ、当初は死亡率や罹患率の高さとして問題視されていた。それが保育士の人数を増やすことで低減できることがわかり、身体的な問題は減少したが、発達遅滞の問題はなかなか改善されなかった。ボウルビィ（Bowlby, J.）はこの現象を施設特有なものではなく、人手の少ない施設では母親的な養育が欠如していることから起こるのであり、家庭でもおこりうるとして**母性剥奪**（maternal deprivation）であるとした。

母性剥奪とは母親の暖かい養育を受けられないということだが、そのことは情緒的な刺激を受けられないことだけでなく、認知的・社会的な刺激の剥奪にもつながっているし、世界や自分に対してもたれる印象にも影響する。たとえばミルクを飲む時に、抱き上げられ声をかけられて飲む場合と、ベッドに寝たまま口の中にほ乳瓶を入れられて保育士は行ってしまう場合では、乳児が受ける認知的・社会的な刺激は全く異なっている。あるいは乳児が泣いたり笑ったりした時に、それにまわりが応えてくれる場合と、何も応えてくれない場合とでは乳児の経験や世界に対する印象は全く異なる。刺激を与えられず、自分の働きかけにも応えてもらえない乳児は、自分から外界に働きかけようとしなくなり、無気力でぼーっとした状態に置かれて、さまざまな面で発達的遅れや問題をもつようになる。

そのような母性剥奪の問題がその後の対処によって変わりうるのかに関する研究としてデニス（Dennis, W.）の研究がある。レバノンの家なし子の施設クレーシュ（コラム2-3参照）では入所時には正常な子もすぐに遅滞が始まり、1歳時には平均的発達指数は50になってしまった。クレーシュは6歳までの施設で、その後は男子はブルマナ、女子はツォークという施設に移る。この2つの施設は発達的に見て大きな差があり、ブルマナは望ましい体制であるが、ツォ

表2-1 クレーシュ入所児とその出身者の知的発達 (デニス, 1973／三谷訳, 1991)

対象	発達の程度	
1歳	50	(発達指数)
少女（ツォーク）	54	(知能指数)
少年（ブルマナ）	85	(知能指数)
2歳までに養子	96（4歳時）	(発達指数)
2歳以降	初めの遅滞残存	

ークは拘束的で管理主義的な施設である。表2-1はそこに移った子、および養子に行った子のIQの平均値である。ブルマナの子や養子に行った子は発達遅滞から立ち直っている。乳児期の知的・社会的経験の剥奪は、その後の経験によって取り返すことができることが示されている（デニスは2歳までに改善することが望ましいとしている）。

より最近の事例として、ルーマニアの孤児に関する報告がある。チャウセス

コラム 2-3 刺激が剥奪された環境 —— クレーシュ

デニスが報告したレバノンの家なし子の施設「クレーシュ」では、乳児はほとんど丸一日白い幌付き型のベッドに寝かされ（視覚的刺激すらほとんどない）、授乳時も哺乳ビンを口に入れられるだけである。そして世話をする人は仕事がうまく行かず戻ってきたクレーシュ出身の女性で、世話の質は劣悪、応答性のない世話を受け、自分の働きかけに応えてもらうこともない。
2、3歳になっても個別のベッドに入れられたままで、遊び場にもほとん

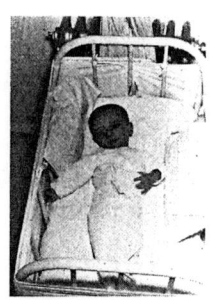

白いベッドに寝かされている捨て子の赤ちゃん

共同トイレ

> どつれて行かれない。子どもが自由に使えるものはなく、探索するものもない。管理主義的で個別の対応はなく、トイレも一斉に行かされる。生活経験は全く貧弱なまま、無気力に過ごしている。
>
> 　現在の施設がこのようであるわけではないが、経済的・人的に制約があれば世話の質は落ち、応答性に欠けるようになるし、家庭においても母性剥奪の状況に置かれたり、親が放置せざるをえない状況にあれば、このような発達遅滞もおこりうる。
> 〔デニス, 1973／三谷訳, 1991〕

クによる独裁政権下、全国の孤児院は孤児であふれ、ほとんど一日中ゆりかごの中に放置されるというような劣悪な状況にあったという。1989年の政権崩壊後、ヨーロッパやカナダ等に養子縁組みで引き取られた孤児たちを縦断的に追う研究がなされている。孤児院で8ヶ月以上過ごしてから養子になった子は、4ヶ月以前に養子になった子よりも愛着形成がうまくいかない者が多いという報告や、孤児院に6ヶ月から24ヶ月いた子と6ヶ月までに養子になった子の比較でも同様であったという報告がなされている。愛着形成に関しては、より早い時期に状況が改善される必要性が示唆されている。

(3) 被虐待児

　虐待を受けることは子どもにさまざまな深刻な問題をもたらし、その影響は長期に及ぶことが指摘されているが、被虐待の問題から立ち直った事例として『"It（それ）"と呼ばれた子』の著者の例がある。コラム2-4にあるように、孤立無援の状態で苛酷な虐待を受け続けていた彼は、身も心もボロボロで、自分にも世界にも肯定的なものを一切もてない状態にあった。それでも彼は救出後、まわりの人々からのサポートを得て徐々に立ち直っていく。彼がなぜ立ち直れたのかについては山岸（2008）が詳しく論じているが、置かれた環境の中にあるわずかなプラス要因に助けられて人は変わりうることの力強い事例である（ただし彼の場合、初期経験は歪んでいなかったし、資質的にも優れたものを持っていたと考えられる）。

　幼少期の経験の歪みは不適切な行動様式をもたらすため、子どもの環境は厳

> **コラム**　コラム 2-4　被虐待児の回復 ──『"It"と呼ばれた子』
>
> 　米国で実母からカリフォルニア史上最悪と言われる虐待を受けながら、それに耐えて立ち直り、その体験を著書として公刊したデイヴ・ペルザー氏の事例である。彼は4〜5歳の頃から理由もなく理不尽に虐待され、また奴隷のようにこき使われ、生命すら危ぶまれるような目に遭いながら、何とか生き延び、12歳の時に救出される。
>
> 　その後多くの里親の家を転々とする。虐待のトラウマがあり、また友人とのつきあいもなく普通の生活を知らなかったため、適応はむずかしかったが、里親等のまわりの人々からのサポートを得て、徐々に普通の生活ができるようになっていく。親友もでき、アルバイト等で自信も回復。18歳で空軍に入隊。その後青少年のための講演や指導をして「アメリカの優れた若者10人」「世界の優れた若者」として表彰もされている。
>
> 　自らの経験を5冊の著作にまとめ、アメリカで大ベストセラーになり、その後も恵まれない青少年のための活動を行っている。家庭に関しても、彼を理解し支援してくれるマーシャと結婚し、息子（前妻との子だが）に慕われることが支えになっている様子が窺える。
>
> 　ペルザー氏のホームページを見ると、表彰時のレーガン大統領との写真や、青少年への指導時の写真、息子との楽しそうな写真も掲載されている。
>
> 〔ペルザー『"It（それ）"と呼ばれた子』田栗美奈子訳, ソニー・マガジンズ, 2002.〕

しいものになりやすい。環境が厳しければ、子どもがもつ問題性はさらに強まり、はじめの歪みは悪循環的にひどくなっていく。幼少期の問題は生涯影響するという幼児期決定論は、その意味で現実的にはあてはまる場合が多いといえる。しかし歪みを修復し補うような環境に置かれて適切な経験をすることにより歪みを修復することも可能であり、発達には可塑性があること、その条件についてはさらなる検討が必要なことが示されているといえる。

4　文化の重要性

　環境の重要性について述べてきたが、環境にも親や家族という環境、友人や地域社会、学校等さまざまなものがあり、さらにその背後には大きな社会や文化という環境がある。文化とは生活の型、生活の中にある原理であるが、人類に共通のもの（野生児は人間社会から離れることにより人類共通の大きな文化からはずれてしまったと言える）と、社会により異なるものがあり、文化の違いが直接的・間接的に発達過程に影響を与えている。

　文化によるパーソナリティの違いについては、古典的なものとして男らしさ・女らしさが文化により異なることを示したミード（Mead, M.）の研究がある。ニューギニアの3部族には、部族全体のパーソナリティが女性的な部族と男性的な部族、われわれの社会と男らしさ・女らしさが反対の部族があり、それが文化やそれに基づく**発達期待**・育て方と関連していることが示されている（図2-5参照）。

　また日本人が他の民族と大きく異なる国民性をもつことを日本人の特有の文化から説明しようとする「日本人論」が盛んである。他者とのつながりや和を重視する日本の文化は、まわりに合わせようとする協調性のあるパーソナリティや他者の意向を気にかける相互依存的な国民性をもたらす一方、個の自立を価値とする西欧文化は、自立的で自己主張する個人を作りやすいとされる（**相互依存的自己観** 対 相互独立的自己観）。一方で「日本人＝集団主義、アメリカ人＝個人主義」という対比は必ずしも現実と一致していないとする批判もある

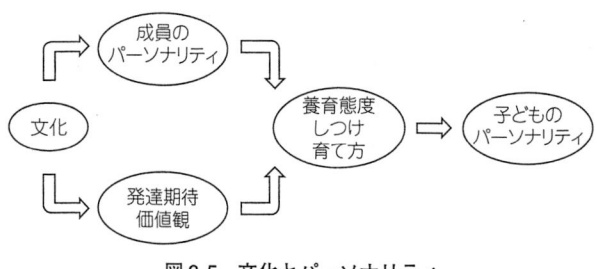

図2-5　文化とパーソナリティ

> コラム 2-5　集団行動と国民性
>
> ●早く飛び込め！
> 　ある豪華客船が航海の最中に沈みだした。船長は乗客たちに速やかに船から脱出して海に飛び込むように、指示しなければならなかった。
> 　船長は、それぞれの外国人乗客にこう言った。
> 　アメリカ人には「飛び込めばあなたは英雄ですよ」
> 　イギリス人には「飛び込めばあなたは紳士です」
> 　ドイツ人には　「飛び込むのがこの船の規則となっています」
> 　イタリア人には「飛び込むと女性にもてますよ」
> 　フランス人には「飛び込まないでください」
> 　日本人には　　「みんな飛び込んでますよ」
>
> 〔早坂，2006〕

(高野，2008)。コラム 2-5 のジョーク集では、日本人と西欧人がもっていると思われるステレオタイプの行動様式が描かれている。

　日本の文化は他者とのつながりや和を重視するということに関しては、実証的にさまざまな形で検討がなされている。表 2-2 は日本とアメリカの3歳児が誰と寝るかについての資料である。7割の子が自室で1人で寝ているアメリカに対し、日本では半数は両親と共に寝ており（川の字のように）、母親と共に寝ていない子は 16% だけである。添い寝の習慣もある日本とは違って、幼少期から自室で一人で寝るアメリカの子は夜中に泣いても誰も来てくれないだろう。小さい頃から自立を課される子と、親とのつながりの中にある子では、他者との関係のもち方等がかなり異なることが予想される。表 2-3 の幼児語の日米比較を見ると、日本の幼児語の多さが印象的である。子どもだからといって特に言葉を変えたりせず大人と同じよう

表 2-2　誰かと一緒に寝るか・それは誰か
(3歳児) (%) (東・柏木・ヘス, 1981)

	米国	日本
なし（1人1室）	70.2	4.0
同胞	25.3	11.8
母	4.0	18.4
母と同胞	0.0	7.9
両親	0.0	22.4
両親と同胞	0.0	23.7

表 2-3　幼児語の日米比較 (小林, 1986；柏木他, 2005 による)

品詞	日本 数	日本 例	アメリカ 数	アメリカ 例
名詞	138	ワンワン ウサチャン ニューニュ タータ（または）オイタ	17	doggy piggy booky
形容詞	9	ピッチョリ チャムイ パッチイ	5	teenie yummy
動詞	38	ナイナイスル ポイスル ペッペスル モグモグスル	0	
計	185		22	

に話しかけるアメリカ人と、幼児の立場に立って話しかけ、気持ちを共有しようとする日本人の傾向が示されている。将来どのような性質をもつ大人になってほしいかに関する日米の比較（図 2-6 参照）でも、日本は思いやりや人に迷惑をかけないことが多いことが示されている。

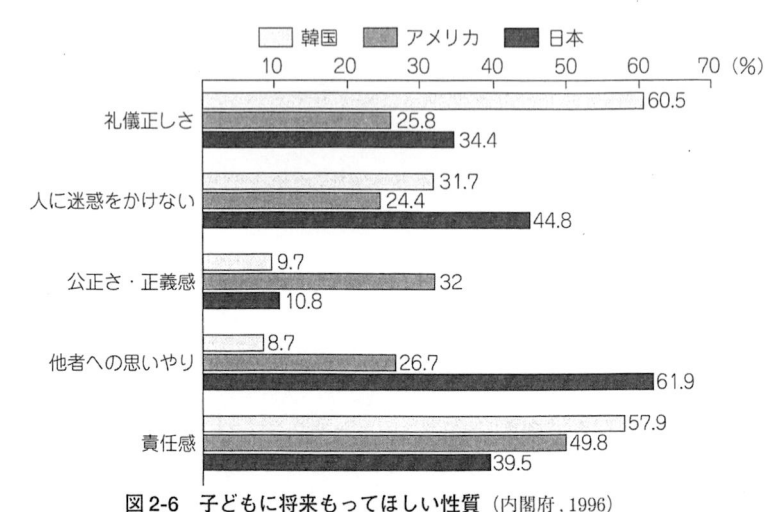

図 2-6　子どもに将来もってほしい性質 (内閣府, 1996)

- 礼儀正しさ：韓国 60.5、アメリカ 25.8、日本 34.4
- 人に迷惑をかけない：韓国 31.7、アメリカ 24.4、日本 44.8
- 公正さ・正義感：韓国 9.7、アメリカ 32、日本 10.8
- 他者への思いやり：韓国 8.7、アメリカ 26.7、日本 61.9
- 責任感：韓国 57.9、アメリカ 49.8、日本 39.5

(この他に 20% を越える者がある項目として「人前で自分の意見をはっきり言う力」「自分で物事を計画し、実行する力」「指導力」がある。)

表2-4 国語教科書に現れた価値観の日米比較（今井, 1990）

		日本	アメリカ
日本＞アメリカ	暖かい人間関係	54	23
	きまり、しつけ	11	5
	自己犠牲の精神	8	0
日本＜アメリカ	公平、公正、自由、平等	0	13
	自立心、自己の責任	1	10
	自己主張	0	7
	強い意志	1	15

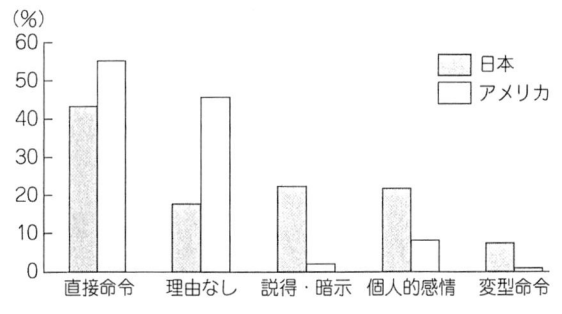

図2-7 日米の母親のしつけ方略（東・柏木・ヘス, 1981）

　このような傾向は国語の教科書で取り上げられる教材にも見られる。表2-4を見ると、他者とのつながりや他者との協調を重視する価値観は日本の教科書で多く取り上げられていること、それに対しアメリカでは個の自立や個人間の公正さを重視するあり方が子どもたちに伝えられていることがわかる。

　望ましくない行動に対してどう対処するか、親の用いるしつけの方法も日米では違いがあることが示されている（図2-7参照）。アメリカではなすべきことを直接的・明示的に示して統制するのに対し、日本では親の感情や期待に言及したり間接的に示唆するような対応が多いことが示されている。たとえば子どもが隣の庭の花を摘んでもってきてしまった場合、アメリカでは「花をとるのはいけないこと」「花はとると枯れてしまう」と規則や論理的帰結に言及する母親が多い一方、日本では「お花がかわいそうよ」「隣のおばさんが悲しむわよ」と、他者の気持ちを考えさせ子どもの感情や罪悪感に訴える母親が多いこ

と、また野菜を食べない子に対して「せっかく作ったのにお母さん悲しいな」というように、親の感情や期待に言及する対応が見られることが示されている（東・柏木・ヘス, 1981）。

　そのような親の養育態度の背後にあるのは、何を価値とするかという文化であり、その文化の元でもたれる発達期待であり、大人たちは**発達期待**に応じたしつけをすることにより、子どもたちを一定の方向に導いているのである（図2-7参照）。

第3章 乳児期 ── 母子関係の成立

　ポルトマン（Portmann, A.）は人類は**生理的早産**であり、本来はもう1年子宮内にいなくてはいけないほど、未熟で無能な状態で生まれてくるとした。確かに人間の新生児は一人では何もできず、栄養・温度調整・移動全てを養育者からの養護に頼り、一日の80％は寝てすごしている。その新生児は何によってどのようにして発達していくのだろうか。本章ではこの時期最大の発達課題である母子関係の成立について述べ、その他の発達については5章で幼児期とまとめて述べることとする。

1　有能な赤ちゃん

(1) 乳児にできること

　人間の赤ちゃんは、「生理的早産」「子宮外の胎児期」と言われるように、他の高等哺乳類と比べると驚く程未熟である。馬や牛が出生後短時間で立ち上がり、歩くことができるのに対し、人間の場合は1年近く自力で移動することはできないし、体温調整もできない。生まれつきできることは表3-1に示したごくわずかな原始行動だけである。内的刺激による自動運動と、外的刺激によって引き起こされる**原始反射**がその全てであり、それで生命を維持できるわけではない。しかし原始反射があるから乳児は乳首を吸うことができるのだし、直接的な意味がないような反射であっても後の行動の基礎になり、たとえば母親に抱かれる行動やものをつかんだり歩いたりする行動につながっている。

　運動機能は貧弱であるのに対し、感覚機能はかなり発達している。視覚は新

表3-1 原始反射と反射を基礎に成立する行動 (三宅・黒丸, 1971)

モロー反射	急な落下、大音に「抱きつく」行動を示す	母親に抱かれる行動
逃避反射	足の裏をピンでつくと膝と足を曲げる	危険なものから身を守る行動
瞬目反射	眩しい光をあてると目蓋を閉じる	危険なものから身を守る行動
口唇探索反射	唇の周辺に物が触れるとそちらを向く	食べる行動
吸飲反射	口の中に物が入ると吸う	食べる行動
追視反射	静かな覚醒時、パターン提示で目で追う	知的にものを認知する行動
把握反射	指や手のひらの刺激で一人で握る	ものをつかむ行動
自動歩行	支えて立たせると足を交互に動かす	歩く・走る行動

生児でも 0.03 くらいはあり、30cm のところが見える。ただし調節機能はない。2ヶ月でピントが調節できるようになり、6ヶ月で 0.2、1歳で 0.3 から 0.4、3歳で 1.0 になる。聴覚は大人よりは劣るものの、誕生当初から調っている。視聴覚機能が発達していることは、母親とのやりとりを可能にする。人間の赤ちゃんは無能であるが、母親との関係を作ることに関しては有能（competent）なのである。笑うことにより（3ヶ月くらいまでは生理的なもの（**生理的微笑**）にすぎないのだが）母親に快を与え、また泣くことにより母親の世話を引き出すことができるし、母親の声に反応したり、母親の顔を見ることで（授乳時の母親の顔との距離がちょうど 30cm なので、そこだけは見えるのである）母親との関係が作られる。

(2) 胎児の能力

母親の喫煙や飲酒、病気や薬物が胎児に悪影響を与えることは広く知られているが、そのような物質的なものだけでなく、母親の心理的状態も生理的変化を引き起こして、胎児に影響する（精神的ショックを受ければアドレナリンが分泌され、血管が収縮する等して心拍数が増加するが、それと共に胎児の心拍数も急増するというように）。母親がストレスを感じていれば子宮内の環境も変化し胎児に影響するのである。特に長期にわたる不快感の影響が大きいことが指摘されている。

赤ちゃんの有能性は、研究の進展によりさらに胎児期にまで及ぶことが明らかにされている。早産児を対象とした研究や胎児への超音波断層法による研究

等によって**出生前心理学**という分野もできている。

胎児は受精5週で神経機能が始まり、7週で口のまわりの刺激に反応すること、10週で目の開閉が可能になり、4ヶ月半で指を吸う写真がとられている（図3-1参照）。特に聴覚は早くから発達していて、腹壁にスピーカをあてると胎児の心拍数があがること（6ヶ月でもおこり、8ヶ月では大部分の者、10ヶ月では全例）、超音波によるモニター画像処理でも音に対する反応が見られている。新生児が母親と他の女性の声を識別していることも示されているが（図3-2参照）、このことは胎児期に聞いた母親の声を覚えていることを示している（内容はわからないし、子宮内と外界では音の聞こえ方は異なるが、イントネーションを記憶していると考えられる）。

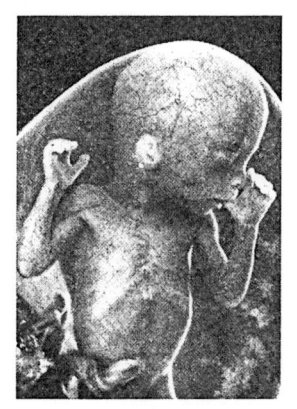

図3-1 指を吸う胎児（マッセンほか, 1957／三宅・若井監訳, 1984, p.126 より）

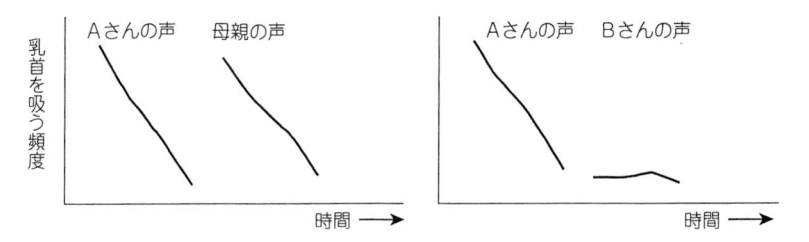

図3-2 母親と他の女性の声の弁別（正高, 1993）

昔から胎教と言われるさまざまな言い伝えがあり、その内容は非科学的であるが、胎児でも感じたり学んだりする力があることは現代心理学が実証しており、言葉そのものはわからないため内容が伝わるわけではないが、子宮内での経験も意味をもつといえる。モーツァルトの音楽が胎教によいというのも、モーツァルトを聞くことで母親自身がリラックスするからと考えられるし、また乳児が軽く規則的にお腹をたたくと安心したり、ゆったりゆすられると眠くなったりするのも、子宮内での経験と似ているためかもしれない。

2 母子関係の成立

胎児期には臍の緒でつながり、母子は一心同体であったが、誕生と共にその絆は切り離されてしまう。しかし乳児は母親なしでは生きられないため、母親との間に新たな絆をつくらなければならない。どのようにして絆は作られるのだろうか。

(1) 母子間の相互作用

かつては母子関係の成立は母乳をもらい飢えを満たしてくれることに由来すると考えられていたが、ハーローは代理母親の実験により、アカゲザルの赤ちゃんが飢えを満たしてもらうことではなく、**接触の快感**から母親への愛情をもつことを示した。これはスキンシップの重要性を示すが、人間の場合はスキンシップに限らず、五感を通してのさまざまな接触・やりとり（**母子相互作用**）から関係が成立することが明らかにされている。

乳児と母親はさまざまな形でお互いに働きかけ、相手の働きかけに応じて返すというやりとりを行っている。たとえば泣くという形で乳児が外界に働きかけると、母親はそばにやってきて抱き上げ、授乳する（泣き声は生理的にも母乳の反射的分泌をひきおこす）。乳児は人間の顔、特に目を見る特性をもっているため、母親の顔が見えると（しかも授乳時の母親の顔はちょうど乳児が見える位置にある）それを見つめる。乳児が自分を見つめていれば母親も乳児を見て、見つめ合いになる。また母親が話しかけると、数秒後に乳児が微妙な体動を示すことが明らかにされている。われわれは会話をする時に、相手の体の動きや声の調子に合わせて体を動かしたり表情を変えたりする（そのような同調行動を**エントレインメント**と言う）が、生まれてすぐの乳児も会話をするかのように、母親の話しかけに応じるのである。図3-3に母子がそれぞれ相手に働きかけ、それに対して応じる母子相互作用を図示した。

母乳により飢えを満たしてくれること、柔らかく暖かい接触の快感を与えてくれることも母子関係の成立の一因ではあるが、母子関係の成立はそのような

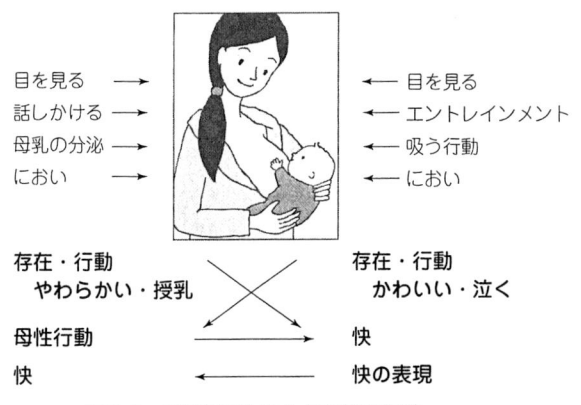

```
目を見る    →              ←  目を見る
話しかける  →              ←  エントレインメント
母乳の分泌  →              ←  吸う行動
におい      →              ←  におい

存在・行動                    存在・行動
やわらかい・授乳              かわいい・泣く

母性行動      ─────→        快
快            ←─────        快の表現
```

図3-3　母子相互作用と相互性の経験

母親からの一方的・限定的な働きかけによるのではなく、五感を通してのさまざまな形での双方的なやりとり ── 相互作用 ── によっているのである。

（2）相互性の経験とその自然規定性

では、なぜ母子のやりとりの中で絆が形成されるのだろうか。エリクソンは自分の働きかけが相手に受け入れられ返されること、自分の行動が相手に満足をもたらし、それが自分の快になることを**相互性の経験**としたが、母子相互作用においてそれが経験されていると考えられる。そして母子の相互性の経験には生物学的な基盤があり、母子双方が自然にそのように振る舞うのである。

乳児の行動や存在が母性行動をひきおこすようにセッティングされている例として、1節でも述べたように、乳児にできるわずかな行動（泣く・吸う）が母性行動をひきおこすし、人間の目を見る傾向や生理的微笑も母親に快感を与え母性行動をひきおこす。あるいは赤ちゃんは高い声の方を向くという特性をもつが、これは両親が声をかけた時に母親の方を向くという事態をもたらす。母親は自分の方を向いてくれる赤ちゃんをかわいいと思い母性感情をもつだろう。また赤ちゃんは抱かれる時に、抱かれやすいように体を大人に合わせることができる（だから赤ちゃんを抱くのと、ものを持つのとでは違った感触が与えられるのである）。

図3-4は、養育を必要とする動物の赤ちゃんとおとな（成体）の顔の比較で

第3章　乳児期 ── 母子関係の成立　33

ある。赤ちゃんの特徴は、丸い目、ふっくらした頬、鼻の上が垂直方向、顔のパーツが低いところにある……等があげられるが、まとめると「かわいらしい」ということである。大人がかわいいと思い世話をしようと思わせる力をもっているのである（親の養護を必要としない動物、たとえば昆虫の幼体は気味の悪いものが多いが、かわいい必要はないのである）。

母親の中にあるプログラムも、乳児に快をもたらすようになっている。母親は授乳ができるし、柔らかい身体は接触の快をもたらし

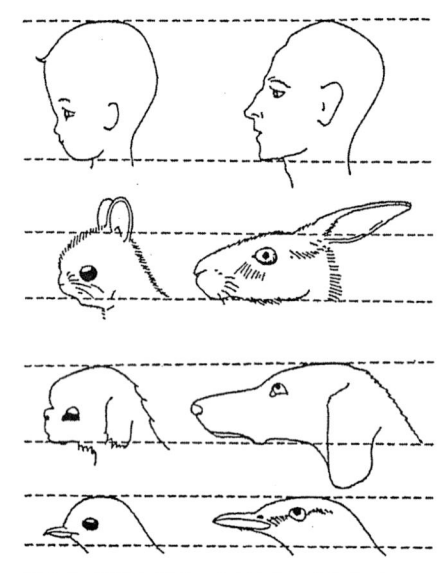

図3-4　動物と赤ちゃんのかわいらしさ（Lorenz, 1943; 柏木他, 2005より）

やすい。左胸に乳児を抱く母親が多いが、これも心臓の鼓動が聞こえて乳児にとっては安心できるのかもしれない。あるいは赤ちゃんを相手にしていると自然に声が高くなり、ゆっくり繰り返し話しかける人が多いが、この行動は赤ちゃんが高い声を好むこと、またゆっくり繰り返し話しかけられた方がわかりやすいということに見合っている。

そのような相互作用が自然にうまくいくようになっているが、うまくいかない場合もある。相手の働きかけが快にならなければ相互性の経験にならない。たとえば母子は双方からにおいを与え合っているが（新生児でも母親のにおいがわかり、母親のブラジャーがわかるという報告もある）、赤ちゃんのにおいがいいにおいと思えないと言う母親は相互作用がうまくいっていない可能性がある。

赤ちゃんがかわいくて思わず抱き上げる、赤ちゃんが泣くので抱き上げる、すると赤ちゃんは抱かれやすいように抱かれて、そして笑ったり泣きやんだりする（快の表現）。そのことが母親にとっては嬉しく、さらに抱きしめたり頬ずりしたりし（快の表現）、双方がさらにその行動を強めていく（図3-3参照）。そのようなやりとりの中で乳児と母親の心の結びつきが成立し（乳児は母親を

好きになり、母親は乳児に対して母性をもつ)、また自分の働きかけが受け入れられ返されることから、自分の働きかけの効果を感じて、双方が自分への自信をもつようになっていく。

3　基本的信頼感

　エリクソンは乳児期の心理・社会的危機 ── 発達課題 ── を「**基本的信頼** (basic trust) 対 不信」とした。子宮の中では母親に全面的に守られ依存し、苦痛のない状態であったが、誕生により事態は大きく変化し、時に深刻な不安と恐怖に見舞われるようになる（たとえば空腹という事態)。しかしやがてそれは跡形もなく消え全面的な満足・やすらぎが与えられる。そして乳児は何者かが深刻な不安と恐怖から自分を助けてくれていること、自分の欲求を読み取って応じてくれていることに徐々に気づいていく。そしてそれが世話をしてくれている母親であり、自分が呼びかけるとその人はそれに応えてくれるという信頼感をもつようになる。母親への信頼は、この世界は呼びかければ応じてくれるという母が属す外界全体への信頼になり、また呼びかければ世界に応じてもらえる自分への信頼につながる。乳児がもつ母親への信頼と外界全体への信頼、及び自分への信頼をエリクソンは基本的信頼とした。

　乳児は母親の養護を受ける中で基本的信頼をもつが、時にはそれをもてないこともある。母親が欲求を読み取れないこともあるし、いつでも応じられるわけではないからである。乳児は応じてくれない母や世界に時に不信感をもつが（乳児期の発達危機）、それを上回る信頼感をもつことがこの時期の発達課題である。基本的不信が上回ってしまうと世界に安心感をもつことができず、自我発達の基盤が脆弱になってしまうし、基本的不信が度重なれば混乱し絶望してしまう（母性剥奪による障害）。

　基本的信頼をもつことは「信頼しうるよき母親像」を確立することでもあり、「信頼しうるよき母親像」を確立できると、母親の不在に耐えられるようになる。母親が必ず応じてくれると信じられれば、応答を期待して待つことができるのである。エリクソンは第1段階の基本的活力を「希望」としたが、「希望」とは待っていれば自分が望むものは必ず与えられると思うことである。信頼で

きなければ待つことができず、ちょっとしたことで不安になってしまう。

4 アタッチメント（愛着）

(1) ボウルビィの愛着理論

エリクソンは自我発達の基盤として母親への信頼を取り上げたが、ボウルビィは乳児が特定の対象との間に結ぶ情愛的な心の結びつきについての理論 —— **愛着**（attachment）理論 —— を提唱した。ボウルビィによると乳児が特定の対象のそばにいようとするのは生得的な傾向であり、無力で自らを守れない存在にとって特定の対象のそばにいることは生きるために不可欠であり、心理・行動的な安全制御システムとされる。乳児は表3-2のような愛着行動をすることにより（発信・定位行動により親を近づかせ、接近行動で自ら親に近づく）、安全感を得る。そして発達と共に愛着対象がいつも近くにいなくても、**安全基地**として利用できればよくなっていくが、その後も形を変えて生涯を通して愛着を持ち続けるとされている。

表3-2　愛着行動のカテゴリー

愛着行動のカテゴリー	行動例
発信行動	泣き、微笑、発声
定位行動	注視、声のする方を向く
接近行動	後追い、しがみつき

愛着は表3-3のように4つの段階を経て発達するとされる。愛着未形成（Ⅰ）から徐々に人の分別ができるようになり（Ⅱ）、母親に対する明確な愛着が形成されて（Ⅲ）、母親を安全基地として利用しながら行動範囲を広げていく（Ⅳ）。

(2) 愛着のタイプ

乳児がどのような愛着を形成しているか、そのパターンを見る方法として見

表 3-3 愛着の発達の 4 段階

段階Ⅰ	～3ヶ月	自分と母親との分化が不十分。愛着はまだ未形成で、誰に対しても同じように泣いたり微笑する（無差別的愛着行動）
段階Ⅱ	～6ヶ月頃	母親に対して特によく微笑する等、発信行動を向ける対象が分化してくる。
段階Ⅲ	～2、3歳頃	母親への愛着行動が明確になり、**特殊的愛着行動（人見知り）** が8ヶ月頃生じる。母親を安全基地として外界を探索する。次第に母親と距離があっても安心感をもてるようになる。
段階Ⅳ	3歳以降	母親が目の前にいなくても安定していられる。母親の行動の目標や計画を推測して、自分の行動を修正できるようになる（協調性）。

知らぬ場面での母子分離・再会への対応を見る方法（**ストレンジ・シチュエーション法**）があり、多くの研究がなされてきた（図3-5参照）。子どもは見知らぬ場面で母親と一緒の時にどう振る舞うか、母親がいなくなった時、母親と再会した時どう振る舞うかから、母親を**安全基地・探索の基地**として利用できるか、母親によって安心感を回復できるかが評定される。**愛着のパターン**は次のような群（当初は3群、後に4群に拡大された）に分類される。

「回避群」は母子分離に苦痛を示さず、再会時にも接近せず回避したりする乳児で、母親への愛着が弱いタイプである。「安定群」は見知らぬ場所でも母親がいることで安心して探索活動を行い、母親がいなくなると悲しみのサインを示し、戻ってくると喜び再び探索活動をする乳児で、健全な愛着を形成している。「アンビヴァレント群」は母子分離に激しい不安を示し、再会しても機嫌が直らず、母親に怒りを向けたりする。安定群の母親は肯定的で応答性があるのに対し、回避群の母親は拒否的で子どもの行動を強く統制しようとする傾向をもつ。アンビヴァレント群の母親は子どもに応答するが子どもの信号に対する応答性・敏感性が低く、タイミングが悪かったり一貫性がなかったりして、子どもは安心感を得られない。そのような母親の対応に応じる形で、子どもの愛着パターンができあがっていくと考えられている。

なお第4群の「無秩序・無方向群」は、母親への接近に矛盾した不可解な行動を見せるタイプで、その母親は虐待等子どもにとって理解不能な行動を突然とって恐怖感を与える養育をしている場合が多い。

① 実験者が母子を室内に案内。母親は子どもを抱いて入室。実験者は母親に子どもを降ろす位置を指示して退室。(30秒)

② 母親は椅子にすわり、子どもはオモチャで遊んでいる。(3分)

③ ストレンジャーが入室。母親とストレンジャーはそれぞれ椅子にすわる。(3分)

④ 1回目の母子分離。母親は退室。ストレンジャーは遊んでいる子どもにやや近づき、はたらきかける。(3分)

⑤ 1回目の母子再会。母親が入室。ストレンジャーは退室。(3分)

⑥ 2回目の母子分離。母親も退室。子どもはひとり残される。(3分)

⑦ ストレンジャーが入室。子どもを慰める。(3分)

⑧ 2回目の母子再会。母親が入室しストレンジャーは退室。(3分)

図3-5　ストレンジ・シチュエーション法の8場面 (繁多, 1987)

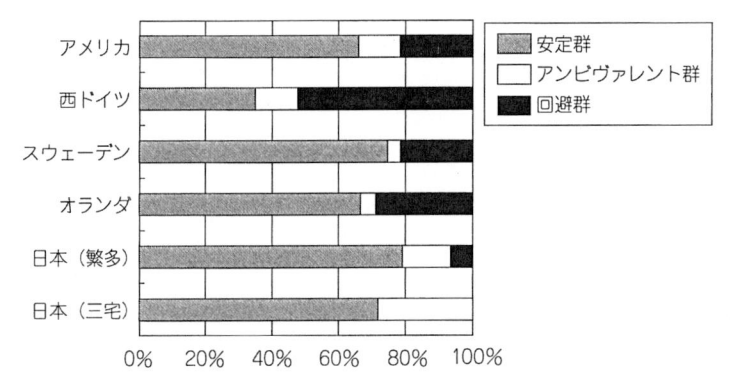

図3-6 愛着のタイプの国際比較（繁多, 1987 と 三宅, 1991 より作成）

　図3-6に示されているように、西欧では不安定愛着としては回避群が多いのに対して、日本ではアンビヴァレント群が多い傾向が見られるが、2章4節で述べたようなしつけや親のあり方の違いが関与していると考えられる。
　乳児期の愛着のあり方は後の認知的・社会的発達に影響することが示されている。そして幼少期の養育者との関係性に基づいて自己と他者の有効性に関する表象（**内的作業モデル**）が作られ、対人的情報に対処する際の枠組みとして機能し、その後の対人関係のあり方や適応を規定すると考えられている。

(3) 母子分離

　子どもにとって愛着の対象から離れることは大きな打撃である。愛着対象から引き離された時におこる反応を急性苦痛症候群という。急性苦痛症候群はⅠ．訴え・抗議（protest）、Ⅱ．絶望（despair）、Ⅲ．無関心・脱愛着（detachment）の3段階から成る。愛着対象から離された子はまず母親を探し求めたり大声で泣いたりする（訴え・抗議）が、やがて泣き方も単調になり反応も減少し悲嘆にくれる（絶望）。さらに状況に変化が見られないと無表情でうつろ、無感動な状態になる（無関心・脱愛着）。入院して泣きわめいていた子が、やがて母親が帰っても泣かなくなる（無関心の段階）。一見すると落ち着いたようにも見えるが、そうでないことは退院後赤ちゃん返りをすることでもわかる。やっと母親の元にいられるようになった子は、また引き離されることを恐れて母親

にまとわりつき退行的になるのである。長期に離されてしまう母性剥奪では2章2節で述べたように、重篤な障害がおこってしまう。

　母子分離の深刻さ・強さを規定する条件としては、まず母子分離の時期があげられる。6ヶ月～4歳くらいまで、特殊的愛着行動の段階の頃が一番打撃が大きい。またそれまでの母子関係のあり方や過去において分離経験があるか等も関係するし、母子分離が環境の変化を伴っている方が打撃が大きい。慣れ親しんでいる環境での母子分離の方が苦痛は少なく、たとえば見知らぬ病院に入院させられるのはストレス度が高い。ただし1週間以内の1回限りの入院であれば長期にわたる混乱はないが、馴染みのあるものを持たせたりすることが望まれる。

(4) 移行対象

　子どもは徐々に母親から離れることを要請されるし、日常的にも母親から離れなければならない場面は多い。そのような時に養育者の代理機能を果たすものをウィニコット（Winnicott, D. W.）は**移行対象**とよんだ。いつも肌身離さず持ち歩き、それがないと眠れないお気に入りの毛布やぬいぐるみなどである。1歳前後から毛布やタオルケットが移行対象になり（一次的：感覚的なもの）、2歳頃からはぬいぐるみや人形等の柔らかいおもちゃも対象となり（二次的移行対象）、母親がいない時にその不安を静穏化し安心感を与える機能をもつ。

　日本に比べ欧米の方がもつ子が多いことが指摘されているが、幼少期から親から離れて別室で寝ること（表2-2参照）や日本の子育て法（母乳育児、抱っこやおんぶが多い等）に比べて身体接触が少ないことが関与していると考えられる。日本では一人で寝ることはほとんどないが、それでも寝ることは母親から離れることでもあり、寝る時にお気に入りの毛布やぬいぐるみを持って寝ていたという者は多い（何らかの移行対象があったとする者は日本では30％台、回顧的に尋ねると62％に見られている（森定, 2003））。

くまのプーさん
（ミルン『くまのプーさん』石井桃子訳, 岩波少年文庫, 2000.）

図3-7　移行対象

漫画のスヌーピーに登場するライナスは安全毛布によって安心感を得ており、「くまのプーさん」ももともとクリストファー・ロビンのお気に入りのぬいぐるみである（図3-7参照）。移行対象は乳幼児期に頻繁にもたれるが、児童期以降もストレスフルな状況で否定的な感情への対処を可能にするものとして機能している場合もある（6章4節参照）。

5　母子関係を規定するもの

乳児期によい母子関係をもてるかどうかは、その後の子どもの発達に大きな影響を与えるが、何が母子関係を規定するのだろうか。

まずは母子接触――母子相互作用――があるかどうかが問題になる。クラウス（Klaus, M.）は母性の発達に敏感期があり、早期から接触しないと母性が適切に発達しないと指摘した。人間の場合は必ずしもそうとは言えないが、早期から母子相互作用が可能なので、母子接触の機会を増やすために出産後母子同室制をとることが多くなっている。身体的接触を多くするカンガルーケア（赤ちゃんを母親の乳房の間に抱いて裸の皮膚を接触させながら保育する方法）も提唱されている。さらに母子相互作用がうまく働いているかを規定するものとしては、(1) 母親のあり方、(2) 子どもの気質や発育状態、(3) 社会的支援のシステムがあげられる。

(1) 母親のあり方

母子相互作用には生物学的な基盤があると述べたが、それだけでなく母親の養護性や自我発達のあり方が関与しているため、母親がどのように育ってきたか――育ちの問題――が関連する。**虐待の世代間伝達**が話題になっているが、劣悪な環境下にあった者の自我発達には問題があることが予想されるし、歪んだ自他概念や対人的枠組みをもっている可能性が高い。また自身が養護を受けたことがないと他者を養護することは難しいし、他者に感情を鎮めてもらったことがない場合は感情を自分でコントロールすることは困難である。

コラム3-1は、母親の幼少期の経験が現在の母子関係に影響していること、

> **コラム** コラム3-1　子につらくあたる母親と幼少期の経験
>
> 　1歳半の女児を「この子は生意気。私をばかにする。父親とばかり仲よくする」と目の敵にする母親。彼女は相談室でわが子を無視し、自分の大変さばかりを語る。そして幼少期、たえず3歳下の妹と比較され、母親に拒否されてきた不満を語る。母は私に冷たかった。自分はずっと我慢していた。妹が憎らしい……。
> 　母親の女児への気持ちは妹への嫉妬と敵意を向けたものであることが推察された。カウンセリング場面で女児には目もくれず、カウンセラーの注意を独占しようとするのも、幼少期の妹と母親をとりあった三角関係の再現と考えられる。そして幼少期に母親からされたように、女児を無視し我慢させている。
> 　カウンセラーは「長いことわかってもらえなくて辛かったね。あなたはどんなに我慢したことでしょう」と母親と女児の両方に温かい声をかけた。母親は深く受け止められたと感じたのか、自分がしてもらったように女児に声をかけて抱き寄せた。そして相談を続ける中で関係が変わっていったことが報告されている。
> 〔渡辺, 2000〕

カウンセラーに気持ちを受けとめてもらうことが母子関係を変える可能性を示している。

　よい母子相互作用を行うためには、母親が子どもの欲求を読み取り、適切に応じることが必要であり、そのためには自我の成熟と共に心の余裕が必要である。母親が余裕をもつためには経済的問題や家族間の問題があまりないこと、また母親が抑うつ的ではないことが必要である。母子関係の成立には、働きかけへの応答性と共に相互作用の中で双方が快・満足を経験することが重要であり、肯定的な情動を乳児と共有し、**情動調律**（相手の情動にあわせること）を適切に行う必要があるからである。

(2) 子ども側の要因

　母子相互作用を規定するのは母親のあり方だけではなく、子どもの気質や発

表3-4 子どもの気質の違い (村田, 1987)

子どものタイプ	性格特徴				人数のパーセンテージ
	摂食・睡眠・排泄の規則性	接近的か退避的か（新しい対象あるいは人に対して）	反応強度	気分（明るく友好的か不快で非友好的か）	
扱いやすい子ども	きわめて規則的	積極的に接近	弱ないし中性	肯定的	40
じっくり型の子ども	一定せず	部分的に退避	弱	やや否定的	15
扱いにくい子ども	不規則	退避	強	否定的	10

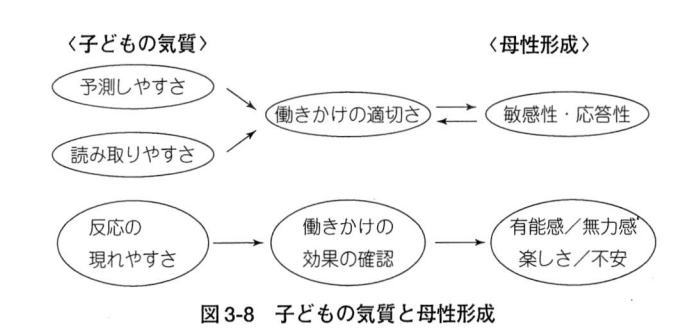

〈子どもの気質〉　　　　　　　　　　〈母性形成〉

予測しやすさ ─→ 働きかけの適切さ ⇄ 敏感性・応答性
読み取りやすさ ─↗

反応の現れやすさ → 働きかけの効果の確認 → 有能感／無力感　楽しさ／不安

図3-8　子どもの気質と母性形成

育状態も関与している。**気質**とは生得的にみられる個人差で、トーマス(Thomas, A.)らは生理的機能の規則性や気分の質等の特徴から乳児には3つのタイプがあり（2〜3ヶ月ですでに現れ、その後も持続することが示されている。表3-4参照）、育てやすい子と育てにくい子がいるとしている。生理的機能が規則的であれば何をいつすればいいかわかりやすく適切なかかわりが容易であるし、気分が明るく働きかけによってなだめられやすければ母親は肯定的な気持ちをもてて、よい母子相互作用になりやすい。図3-8は子どもの気質が母子相互作用を規定し母親のあり方に影響することを示したものである。コラム3-2は育てにくい子の子育ての苦労が綴られた投書である。

　子どもの発育状態も、子どもの働きかけが母親に届くか、母親の働きかけに応じられるかを左右する。未熟児や障害児は母親の注意をひくような行動ができなかったり、母親の行動に応答できないこともあるだろう。早期の母子相互作用に関しても不利な面があるので、場合によっては支援が必要といえる。

第3章　乳児期 ── 母子関係の成立　43

> **コラム** コラム3-2　育てにくい子の子育て
>
> 　今春から息子が、幼稚園に通うようになった。どんなにこの時を待ちわびたことか。
> 　生まれて三年と九カ月。育児が楽しいと思ったことは、これっぽっちもない。あったのは親としての義務感だけだった。
> 　生後一、二カ月は、おっぱいを飲む時と寝ている時以外は、どんなにあやしても泣き続けた。実家に帰っての出産だったが、近所から「赤ちゃん、よく泣いていますね」。父からも、「うるさい赤ん坊やねぇ」。悪気のない言葉でも、泣きやまない子をかかえて、どうしてよいか分からない私には耐えきれなかった。産後一カ月を待たずに社宅に戻った。
> 　戻ってからもよく泣いた。「せっかんしているのではないか」と思われやしないかと、近所の目が気になった。今思えば笑い話だが。
> 　泣き過ぎて引きつけも起こした。育児書に「知能障害を引き起こす恐れあり」とあったので、二カ月のとき大学病院へ行き脳波検査もした。泣く時の腹圧で、そけいヘルニアになり、手術もした。
> 　私も一緒になってよく泣いた。育児とは大変だが、いとしいわが子を育てるのだから楽しいことなのだ、と無理に思い込もうとした。だが二人目を産んではっきりした。上の子の育児は、やはり苦しいだけだった。
> 　いつもにこにこしている下の子を産んでいなかったら、赤ちゃんってテレビのCMみたいに笑うんだってことを、知らないままだったろう。今でも上の子の朝は、泣きで始まる。もうこの子はずっとこんな性格なんだろうな。
> 　これから一年一年、私の手を離れていくかと思うと、うれしくてうれしくて、涙が出ちゃう。
> 　　　　　　　　　　　　　　　　　　　　〔新聞投稿欄；新井, 1997より〕

(3) 社会的支援のシステム ── 家族関係

　赤ちゃんの世話をすることは生物的基盤があるとはいえ困難な課題であるし、肉体的負担も大きく、支えが必要である。かつては大家族であり、子育てには多くの支援があったが、現代社会は核家族化し地域社会のつながりも薄くなっていて、社会的支援が得にくくなっている。孤立した状況下の、密室での育児は心理的負担が大きく、ちょっとした不安も大きくなりやすく、**育児ノイロー**

ゼや虐待につながりやすい。

家族からの支援が必要であり、特に核家族化した現代社会では夫からの支援や協力が得られるかどうかが母親にとって重要である。夫の育児への協力度と育児に対して妻がもつ感情に関連があることが示されている（図3-9参照）。また近隣に子育ての仲間や相談相手がいることも、不安を軽減する上で重要である。

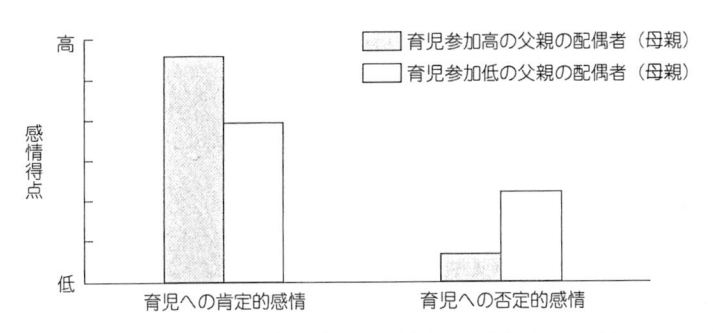

図3-9　父親の育児参加と母親の育児・子どもへの感情（柏木・若松, 1994より）

（4）現代社会の母子関係

高度に産業化した消費社会、情報化が著しい現代社会では、母子をめぐる状況も大きく変化している。家庭内での子どもの数が減り地域社会が弱体化すると共に、子どもに接することなく大人になる女性が増え、親への準備性が不十分で母性行動がうまくとれない母親が増えている。さらに欲求充足が容易な社会であるため、欲求不満耐性が育っていなかったり、対人関係の稀薄化等により社会性や自我発達上に問題があれば、「母親役割」を取ることに苦戦したり、それを拒否することも予想される。

そして子育てをめぐる不安・葛藤も大きくなっている。情報過多で不安をかき立てられる一方、必要な情報は手に入らず、子どもが少ないためうまく育てることへのプレッシャーは大きく、子育てによって自分が評価されるように感じると、うまくいかないことへの不安や失敗感はさらに大きくなってしまう。女性の社会進出が進む現代社会では、子育てだけだと取り残される不安を感じたり、迷いがあって子育てに充実感を感じられない者もいるだろう。さらにか

つてのように支援者が得にくい孤独な子育てにおいては母親がもつ問題性は大きくなりやすい。

　敏感性・応答性に問題があって適切な相互作用をもてそうもない母親や、ハイリスクな子どもを持った母親、支援者や仲間がおらず孤独な子育てを強いられている母親等への育児支援が、乳児の健全な発達を保証するために是非とも必要である。

第4章 幼児期 ── 自立の時期

　赤ちゃんが歩き始め、言葉をもつようになると、彼らの生きる世界は大きく変わる。エリクソンは乳児期の自我のあり方を「私とは与えられるものである（I am what I am given）」と述べたが、周りの人に欲求をくみ取ってもらい「与えられる」あり方ではなく、自分の意志をもち、したいことを自分でできるようになる（「I am what I will」）2歳頃は、自我が芽生え、自立へと歩み出す時期である。4章では幼児前期の自立をめぐる問題を取り上げ、その他の発達については5章で乳児期とまとめて述べることとする。

1　自我の芽生え

　「歩行」に向けての運動能力の発達は、1歳3ヶ月で一人歩き、1歳6ヶ月でどうにか走れるようになり、2歳頃にはころばずに走れるようになって、歩行が完成する。「自由に歩けるようになる」ということは、どこかへ行きたい時にそのことを訴えて連れていってもらっていた赤ちゃん時代とは違って、自分の意志で自分の力で行きたい所に行けるということを意味する。そのことはハイハイでもある程度可能であったが、立ち上がることでより明確に経験される（立つことで見える光景は大きく変わり、歩くとそれに応じて視界が変わる）。うまく歩けた幼児は、自分の力・自分の意志でそのことが可能になったことに喜びと誇りを感じるだろう（コラム4-1参照）。言語の習得も、周りの人に欲求を読み取ってもらうのではなく、自分の意志で欲求や気持ちを伝えられることを意味している。幼児は「自分」が行動の主体であることを感じるようになる。
　そしてそのような発達に応じる形で、しつけが開始される。乳児期には基本

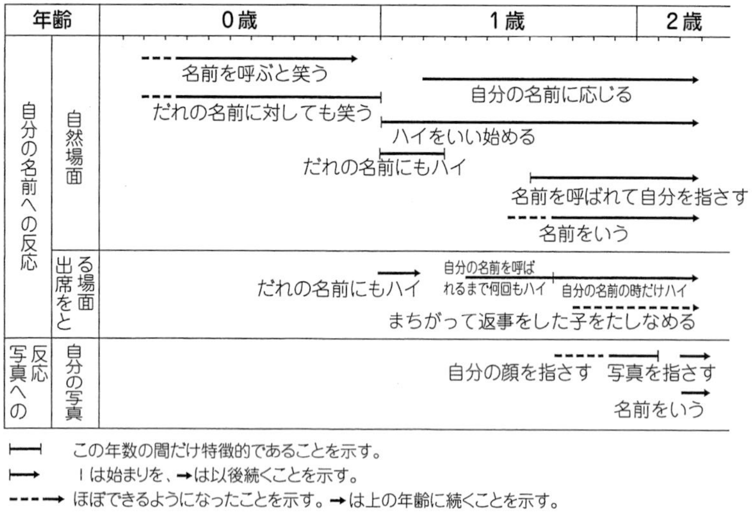

年齢	0歳	1歳	2歳
自分の名前への反応 / 自然場面	名前を呼ぶと笑う / だれの名前に対しても笑う	自分の名前に応じる / ハイをいい始める / だれの名前にもハイ	名前を呼ばれて自分を指さす / 名前をいう
出席をとる場面		だれの名前にもハイ / 自分の名前を呼ばれるまで何回もハイ	自分の名前の時だけハイ / まちがって返事をした子をたしなめる
写真への反応 / 自分の写真		自分の顔を指さす	写真を指さす / 名前をいう

┠─┨ この年数の間だけ特徴的であることを示す。
┠─→ ｜は始まりを、→は以後続くことを示す。
----→ ほぼできるようになったことを示す。→は上の年齢に続くことを示す。

図4-1　名前に対する反応（植村, 1979 より改変）

的に母親は養護してくれる者であったが、自由に動き探索をするようになると、自分の延長と思っていた母親が子どもの自由な行動を制限・阻止する存在になる。自分と母親は違うと感じ「自分」が意識されるようになる。

また知的発達も自分を意識することを可能にする。自分の名前に対する反応は図4-1のように進み、18ヶ月くらいで自分の名前だけに反応するようになる。**自己鏡像**（鏡に映った自分）への反応でも18ヶ月児は自分がわかる行動を取るし（コラム4-2参照）、自分の持ち物と他のものを区別できるようになる（そして自分の持ち物にこだわり人に貸さなくなったりするが、そのような行動は「自分」を意識するためと考えられる）。また2歳頃に一人称で自分を表現するようになる。

以上のどれもが「自分」を意識すること、**自我の芽生え**と関連した現象である。2、3歳の頃は、自分を意識し、自分の意志で行動したいと思うようになり、何でも反抗して自分の意志を通そうとするため**第一反抗期**と言われる。親のいうことに反抗し拒否的になるのは、自我がある程度成長していることを示している。

> **コラム 4-1　歩けることの喜び —— 童謡「春よ来い」**
>
> 　春よ来い　早く来い　歩き始めたみよちゃんが
> 　赤い鼻緒のじょじょはいて
> 　おんもに出たいと待っている
>
> 　歩き始めたみよちゃんが、春が来て外を歩くことを心待ちにしている（今はまだ早春で雪が残っているのだろう）。春が来る喜びと、自分用に買ってもらった下駄を履く喜び、そして自分の意志・自分の力で外を歩きまわることへの期待と喜びに満ちている。

> **コラム 4-2　自己鏡像への反応**
>
> 　自分のことをわかっているかどうかを行動から知るのに、鏡に映った自分への反応を見る方法がある。寝ている間に鼻の頭に口紅を塗っておく課題（ルージュ課題）において、その姿を鏡でみた時に鏡に触るならばその像の鼻が赤いととらえているが、自分の鼻をこすれば鏡像が自分であることをわかっていると考えられる。チンパンジーはそれが可能なことが示されている。人間の子どもは18ヶ月くらいになると自分の鼻に手をやるようになり（鏡に映った自分よりも他人の方が早くからわかる）、24ヶ月頃までにほとんどの子ができるようになる。

2　幼児前期の発達課題 —— 自律性 対 恥・疑惑

　1節で述べた自分の意志でやろうとする志向は、エリクソン理論においてもこの時期の発達課題とされている。その基盤にあるのは身体の筋肉や神経系が成熟するという生物学的成熟である。足の筋肉の成熟は歩行をもたらすし、肛門や膀胱の括約筋の成熟により自分の意志でそれを収縮－弛緩させることが可

能になる。それまで排泄物は自分の意志とは無関係に出てしまっていたが、自分の意志でためておいたり出したりできるようになる（自分の意志で出した排泄物は、幼児にとって汚いものではなく、自分の意志に基づく成果＝勝利の印であろう）。自分で自分の身体や欲求をコントロールできるという感覚は大きな喜びと誇りをもたらし、何でも自分でやりたいという気持ちをもたらす（反対に自分で自分の身体をコントロールできなくなっていく病人や老人の悲しみ・絶望感は大きいだろう）。幼児は自分の意志で決めたいという自律への欲求をもち、**自律性**をもつことを確かめるために親に反抗的になる。自分は親のいうままに動くロボットではないことの確認のために「反抗のための反抗」をしたりもするのである。

　幼児は自律的であることに喜びを感じるが、その喜びは他者が認めてくれた時に確かなものになる。他者の承認によって「意志」の力を実感する。そして失敗をすると「**恥・疑惑**」を感じる。自分が未熟で無能なことを感じ（恥）、自己統制能力がないのではないかと疑惑をもつ。幼児はこの時期排泄等のしつけを受け、失敗して恥・疑惑を感じる場合もあるが、その危機を乗り越えて自律性を身につけていくことが、この時期の発達課題である。早すぎるしつけ、厳しすぎるしつけは恥・疑惑ばかりを経験させることになる。自分でやろうとする意欲を尊重し、できたことを共に喜ぶことで幼児の中に芽生え始めた自分を支えていくことが重要である。

3　自立性の発達

　2節で述べた自律性と自立性は似た概念であるが、自律が自分で決めること、自分を自分がコントロールすることであるのに対し、自立は自分の力で行動し生活すること、他者からの助けなしに独力でやることを意味している（したがってエリクソンの自律の中には自立も含まれているといえる）。周りの大人に依存して生きてきた乳児は、心身の発達に伴い、基本的生活習慣を形成することを要請され、また本人も「独力でやりたい」という気持ちをもつ。

　幼児期に**基本的生活習慣**が形成されるのは、図4-2のようなさまざまな発達が進行しているからである。手先・指先がうまく動くようになるというような

表 4-1 運動発達（高野, 1975; 二宮ほか, 1986 より）

年齢	目と手の協応動作	移動運動
2	6〜7個の積み木を積みあげられる 1枚ずつ絵本のページをめくれる さかさまにしないで、スプーンを口に運べる 片手でコップをつかめる 円形をまねられる 簡単な衣類を身につけられる 箱をあけられる 円、正方形、正三角形を形態盤に入れられる	広い歩幅だが、うまく走れる ひとりで数段の階段を昇り下りできる 低いすべり台に昇り、すべれる 大きなボールをけることができる 大きなボールを投げられる 1段ずつ広いハシゴを下りられる 約30cmジャンプできる
3	9個の積み木を積みあげられる 3個の積み木を用いて橋をつくれる キャッチボールができる スプーンからほとんどこぼさない 握りハシでハシを使える 水差しからつげる ボタンをはずせる、クツをはける 図形を模写できる 直線をひける ノリづけできる ハサミを使える	つま先立ちで歩ける 目的地まで走れる 階段の最下段からとびおりられる 片足で立てる 両足でホップできる 片足で車を押せる 三輪車に乗れる ブランコに立って乗れる ひとりで1段ずつ長い階段を下りられる 45〜60cmジャンプできる でんぐり返しができる
4	ハサミで曲線を切れる ハサミとノリを使って、紙で簡単なものが作れる 不明確な図形や文字を書ける 小さなボールをキャッチして、前方に投げられる ひとりで着衣ができる 洗顔、歯みがき、鼻かみがだいたいできる	疾走できる ひとりで交互に足を運んで狭いハシゴを下りられる 三輪車を上手に乗りこなす
5	高度な積み木遊びができる 三角形に紙を折れる 四角形を模写できる 小さなボールをキャッチし、側方に投げられる 上手に投げられる 見えるボタンならはめられる 簡単なひも結びができる 図形、文字、数字を模写できる	足をそろえて立てる スキップできる 10回以上、片足でホップできる 交互に足を運んで、上手に広いハシゴを下りられる ジャングルジムの上の方まで、ひとりで昇れる 一直線に歩けるく ブランコをひとりでこぐ

いくつかの研究に基づいて高野（1975）により作成されたもの
その年齢の幼児の50％以上の者によって可能な運動

心身の発達
・身体成熟　運動能力、手先・指先の巧緻性
・情緒の発達―達成動機、自己統制力
・自我の発達
・知的能力―善悪

→ **基本的生活習慣の形成**
　↑↓ 社会からの要請　しつけ・統制
　↑↓ 自立性

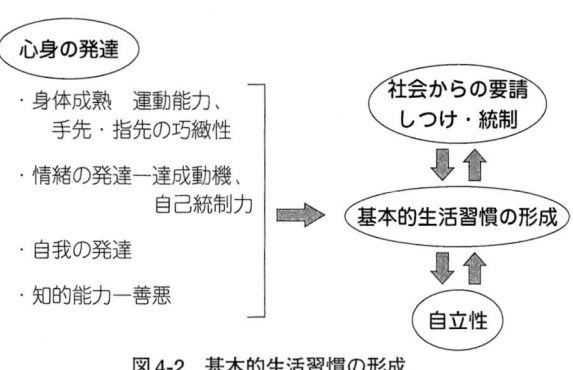

図4-2　基本的生活習慣の形成

　身体的発達（表4-1参照）や、うまくやりたい・ほめられたいという気持ちをもつようになったり、ある程度自分の欲求を抑えたりうまくいかなくても耐えることができる等の心理的発達が基本的生活習慣の形成を可能にし、また基本的生活習慣の形成がそれらの発達や自立性の発達をうながす。
　養育者は「何歳だから～」ではなく、幼児の発達に応じて基本的生活習慣をつけさせる必要がある（前節で述べたように、早すぎるしつけは恥・疑惑をもたらしてしまう）。そして養育者は自立を促すと同時に必要な援助や保護は与える必要がある。幼児はさまざまな発達に支えられて生活空間を拡大させ、外界への探索を試みるが、それは心躍ることであると同時に、不安や恐怖も感じさせる。マーラー（Mahler, M. S.）は**分離・個体化**の過程を理論化したが（図4-3参照）、その過程を見ると、親から離れて外界を探索しながら不安になると親の元に戻って身体的接触や承認を求め、行ったり来たりしながら徐々に離れていくことがわかる。養育者が保護を提供し**安全基地**になることで自立が可能になるのであり、子どもは依存を受けとめられることで自立していく。しかし母親が子どもの自立に不安感をもつ場合は、**共生的な母子関係**が続いて子どもは自立できないし、反対に自立させようとして必要な援助も与えない場合は子どもは不安になって依存性を強めることになる。
　またしつけにおける支配・統制が強すぎると子どもは探索を抑え、親のいいなりになってしまうし、統制が弱いと自分の欲求と親による統制を調整する機会がなく、自己統制を学べなくなってしまう。

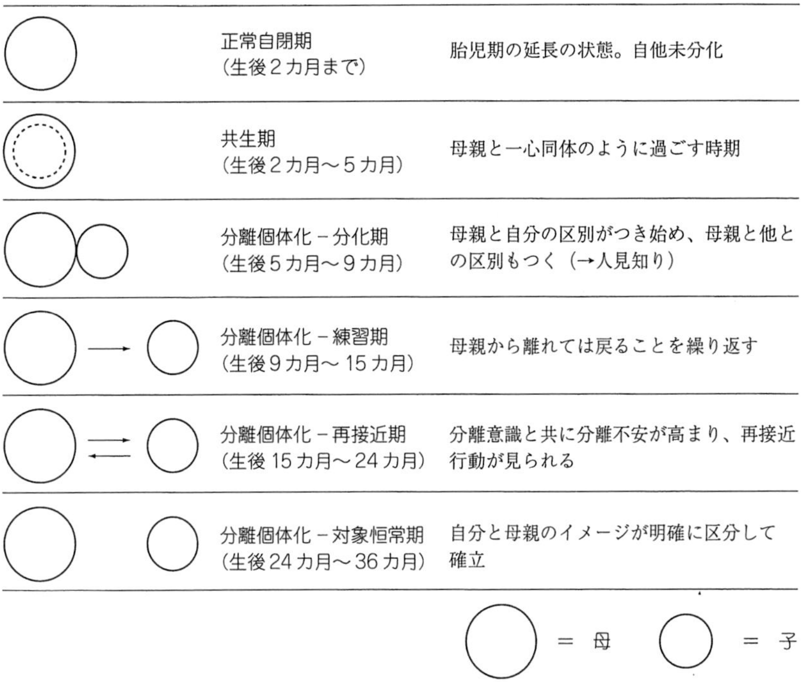

○	正常自閉期 （生後2カ月まで）	胎児期の延長の状態。自他未分化
◎	共生期 （生後2カ月～5カ月）	母親と一心同体のように過ごす時期
○○	分離個体化－分化期 （生後5カ月～9カ月）	母親と自分の区別がつき始め、母親と他との区別もつく（→人見知り）
○→○	分離個体化－練習期 （生後9カ月～15カ月）	母親から離れては戻ることを繰り返す
○⇄○	分離個体化－再接近期 （生後15カ月～24カ月）	分離意識と共に分離不安が高まり、再接近行動が見られる
○　○	分離個体化－対象恒常期 （生後24カ月～36カ月）	自分と母親のイメージが明確に区分して確立

○ = 母　　○ = 子

図 4-3　分離・個体化（マーラー, 1975／高橋ほか訳, 1981 より作成）

第5章 乳幼児期
――その様々な発達

　3章乳児期では母子関係の成立と基本的信頼、4章幼児期では自立の問題を中心に述べてきた。それらの発達・獲得は他の側面の発達と関連していることにも触れてきたが、本章では他の側面の発達 ―― 運動能力、ことば、認知能力、遊び、対人関係 ―― について、乳幼児期を合わせて述べる。

1　運動能力の発達

　1歳過ぎくらいから一人で歩けるようになり、徐々に走る、台や階段を昇ったり降りたりする等、さまざまな動きができるようになる。幼児後期になると、手や脚に力がつき、筋肉や関節をコントロールして、全身のバランスを取れるようになり、5歳頃になると敏捷性もついてくる。表5-1（次ページ）は4歳、5歳児の運動能力の比較である。時代によって生活経験や遊びが異なるため、発達の様相は異なることもあると考えられるが、幼児後期は運動能力の発達が著しいことが示されている。

　幼児期の運動能力の発達には周囲の環境の影響が大きく、外遊びの時間や頻度、一緒に遊ぶ友だちの数等が関与することが示されているが、図5-1（次ページ）の運動能力の年代別（1966年から2002年の5時期）の調査結果（文科省が毎年実施している体力・運動能力調査報告書；杉原他，2007参照）を見ると、1986年から1997年にかけてどの種目も低下していることが示されている。

表5-1 4, 5歳児の運動能力 (宮司他, 1971 と文科省, 2010)

	男児				女児			
	4歳		5歳		4歳		5歳	
	前半	後半	前半	後半	前半	後半	前半	後半
1. なわとび	0	9.0	26.6	50.6	6.3	20.9	44.0	58.3
2. 大型ボール狙い投げ	36.3	47.8	57.0	57.6	6.1	19.4	20.0	36.1
3. 中型ボール打ち返し	63.5	76.0	80.1	89.2	52.1	60.9	73.8	80.1
4. 風船打ち	—	62.8	95.1	98.2	—	26.5	88.2	93.9
5. 空中ボール蹴り	38.0	56.1	71.8	81.3	31.2	45.0	64.5	73.4
6. でんぐり返し	76.7	86.8	89.7	94.9	70.1	75.7	87.1	87.2
7. とび箱開脚蹴越し	12.7	27.2	43.4	56.6	6.9	15.3	23.2	40.9
8. 平均台上方向転換	81.3	93.0	96.8	99.3	82.2	91.3	96.2	95.1
9. 鉄棒前回りおり	60.0	74.6	86.9	91.3		65.1	86.8	89.0
10. 鉄棒逆上がり	6.7	6.4	21.3	28.7	11.0	9.3	25.9	33.8
11. 25m走(秒)	8.0	7.25	6.90	6.45	8.25	7.55	7.1	6.65
12. 立ち幅跳び(cm)	75.0	89.5	95.5	106.0	70.0	79.5	86.5	96.5
13. 体支持持続時間(秒)	12.5	20.5	27.0	39.0	12.5	20.0	25.5	38.5
14. ソフトボール投げ(0.5m)	3.5	4.0	5.25	6.0	2.75	3.25	3.5	4.0

1〜10は運動成就率(%)で1970年のデータ、11〜14は2009年度の運動能力調査で使われた評定値1〜5の内の3の中央値

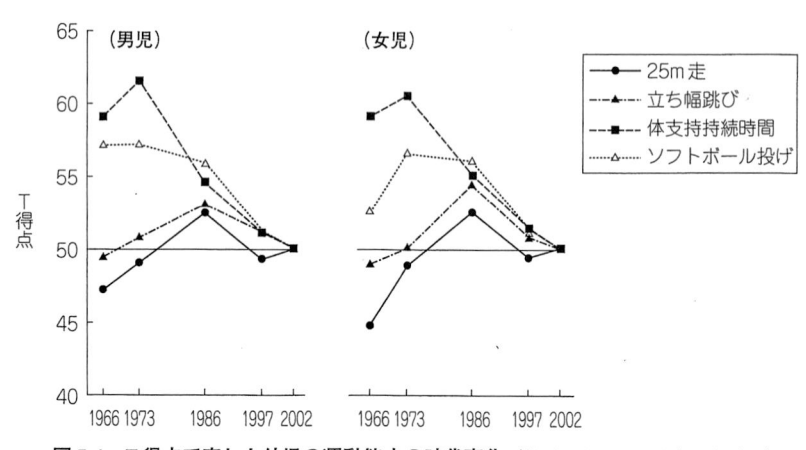

図5-1 T得点で表した幼児の運動能力の時代変化 (杉原ほか, 2007より一部改変)

2 ことばの発達

(1) ことばの発達

　子どもがことばを話し出すのは1歳過ぎからだが、急にことばを使うようになるわけではない。ことばは使わなくても早期からコミュニケーションが行われているし、ことば使用につながる発達が徐々に進行している。

　生まれたばかりの乳児でも泣く・笑うという形で親の養育行動を引き起こすし、親の働きかけに答えることも可能である。親が乳児の情動表出を受け止め返すことで、コミュニケーションが行われている。3ヶ月になると生理的微笑でなくあやされると笑うようになる（社会的微笑）。「ご機嫌いかが？」と声をかけられてほほえみ合い、「あーご機嫌なのね」というようなやりとりにより、両者は同じ気持ちになり（同期性）、気持ちのつながりを経験する。

　乳児の発声はまず2ヶ月目のクーイング（機嫌のいい時母音を中心としたのどの奥をならす発声）、そして6ヶ月頃から**喃語**（バブバブというような無意味語）が始まる。どちらも自分の声が聞こえるという聴覚的フィードバックを楽しむもので、伝達の意図はないが、養育者がいる時の方が発声されやすく、養育者がそれに応じることでゲームのような相互作用になる。そして周囲の者が意味があるように応じることにより（「マンマ」に対して「お腹がすいたのね。マンマにしようね」というように）、意味のなかった音声が意味を帯びるようになっていく。あるいは養育者は誘いかけて先取り的に応答する。たとえば「これほしいのね。さあ持ってごらん」と言って、持とうとしなくても持たせて、「もてた、もてた、上手ね」と自発的に持つ意図をもち、それがうまくいったかのように応対する。ことばと経験のつながりができていき、また持てたことを喜ばれて、自分も嬉しくなり、肯定的な情動が共有される。

　8,9ヶ月になると養育者の声に一段と注意し、模倣しようとする。そのため発音が母国語に近くなり、母国語に規定された発声になっていく。この時期頃からものの受け渡しを好むが、ものを「渡して」「受け取る」のは役割の交代であり、話者と聞き手によるコミュニケーションに近い。また養育者と共に

表5-2　乳幼児期の言語の発達　(無藤ほか，2004等を参考に作成)

年齢	特徴
2〜10ヶ月	「クークー」「バブバブ」など泣き声とは異なった発声をする（クーイング・喃語）。
1歳〜1歳半	初めて意味をもつ言葉を話す（初語）。「マンマ」など1語で言いたいことを伝えようとする（1語文）。
1歳半〜2歳	「パパ会社」など2つの単語をあわせた2語文を使う。ものに名前があることを認識し、しきりにものの名前を尋ねる。
2歳〜2歳半	知っている語句を羅列する時期。この頃から語彙が急速に増加していく。
2歳半〜3歳	接続詞や助詞が使えるようになり、大人の言葉を盛んに模倣する。
3歳〜4歳	話し言葉が一応完成する時期。4歳くらいになると話すことに興味が高まり一時的に非常におしゃべりになる（多弁期）。
4歳〜5歳	言語はコミュニケーションだけでなく、思考の道具として働き始め、言葉を使って考えたり想像したりできるようになる。

あるものを見ること＝「**共同注意（joint attention）**」が可能になるが、これはそれまでの「自分・人」「自分・もの」という「二項関係」だけでなく「自分・人・もの」という「三項関係」ができあがったことを意味している。母親が見ていると乳児もその視線を追ってそれを見るし、自分が興味をもったものを母親に「指さし」で示したりする。あるものを共に見ることはそれを表現することにつながっていくし、1歳前くらいからおこる「**指さし**」は指を媒体として別の何かを人に示すことであり、ことばを使うことに非常に近い現象である。

1歳から1歳半で、初語が現れる。それは1語でコミュニケーションが完結し**1語文**と言われる（「パパ」の1語が「パパの時計」「パパは会社」「パパ抱っこして」とさまざまな意味をもつ）。1歳半から2歳で2語文になり、3歳では1000語、6歳で3000語と、急激な発達をとげる（表5-2参照）。

(2) ことばをもつことの意義

子どもがことばをもつことには、以下のように様々な意義がある。
　第一にコミュニケーションの手段となる。ことばにより自分の考え、感情等を伝えることができ、相互理解が可能になる。コミュニケーションは身振りで

も一部は可能だが、今ここにないものや抽象的なことを表わすことはむずかしいし、ことばのように効率的ではない。

　第二にことばの使用は認知を変える。ことばを使うことは抽象化・一般化することである（「犬」ということばを使うことは、ウチにいるポチだけでなく「一般的な犬」がわかるということである。初期には「ワンワン」がウチにいるポチだけであったりもするが）。

　第三にことばをもつことで、分類や識別、まとめが容易になるし、記憶も促進される。あいまいなものも言語化されることで、保持されやすくなるし、言語化することが記憶の内容に影響する（図5-2参照）。

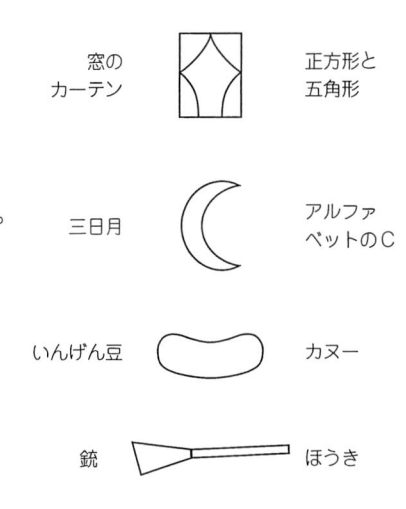

窓のカーテン	⌂	正方形と五角形
三日月	☾	アルファベットのC
いんげん豆	⌒	カヌー
銃	▷—	ほうき

図 5-2　命名の記憶への影響（Carmichael et al, 1932; 森, 2004）
中央の図を左右のことばと共に提示し再生させると、再生画は命名の影響を受けやすい。たとえば「C」の命名があった時には、再生画はCに近くなり、「三日月」の場合は、時に向きが反対になったりする。

　第四に思考の道具になる。次節で述べるように、乳児期は言語を使わないで思考を行うが、ことばを使う中でことばによって考えるようになっていく。思考の手段としての言語（**内言**）はコミュニケーションの手段としての言語（外言）と違って、頭の中で使われるが、幼児期にはまだ内言にならず、ことばとして声に出して言ったりする（外内言。ピアジェは「集団内独語」としたが、その機能は伝達ではなく思考なのである）。

　第五に行動調整機能がある。ことばを使うことで行動を触発させたり（かけ声をかけて行動させる）、行動を中止させたりすることが可能である。幼少期は意味ではなく言葉を使うことそのものが行動に影響する（図5-3参照）。また中止機能は触発機能よりも遅れて発達するため、幼少の者に「やめろ」と言っても、さらにその行動を強めてしまうことになったりする。

　このように言語をもつことは、他者との意志の疎通だけでなく、個人の内的力に大きく影響する。人間の子どもと同時期にうまれ、その子と共に暮らしたチンパンジーは、初めの内はむしろ人間より速く発達したが、人間の子どもが

ことばを覚え出す1歳半頃から人間の発達が著しく、「言語」の有無によって差がひらいていくという。

3　認知の発達

乳児は外界をどうとらえているのだろうか。何がわかり、いつ頃から考えることができるのだろうか。私たちの思考はことばによってなされることが多いが、ことばを獲得していない乳児は「考える」ことができるのか。幼児は外界をどうとらえているのか、そのとらえ方は大人と何がどう違うのか見てみる。

(1) 乳児期 ── 感覚運動的知能

ピアジェは自分の子どもの行動を観察し、乳児の認知・思考を「**感覚運動的知能**」とした。乳児はことばを使うのではなく、感覚と運動を使って外界をとらえ考えるのである。ピアジェによれば、認知とは外界のとらえ方であると同時に外界への働きかけ方の様式であり、その様式を「**シェマ**」とよんだ。われわれはシェマを使って外界に働きかけ（**同化**）、それに対する外界からのフィードバックに応じて自分のシェマを環境に合うように修正し（**調節**）（図5-4参照）、そのような同化・調節を繰り返すことによって、均衡がとれたシェマ、外界に即した適切なシェマになって

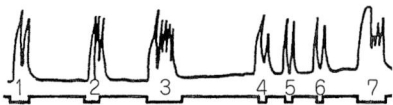

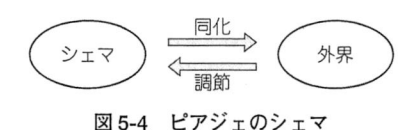

(a) 教示：「光がついたらゴム球を2度押しなさい」

(b) 教示：「光がついたら"1、2"とかけ声をかけながらゴム球を2度押しなさい」

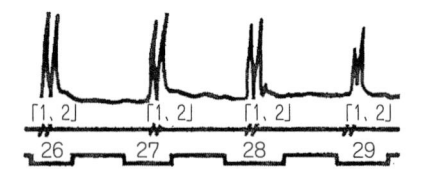

(c) 教示：「光がついたら"ふたつ"と言いながらゴム球を2度押しなさい」

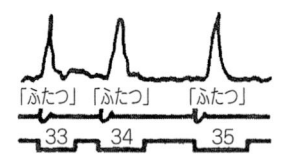

図5-3　言語の行動調整機能（Luria, 1964; 内田, 1989 より改変）

図5-4　ピアジェのシェマ

いくことが認知の発達であるとされる。

　乳児が生まれて初めて使うシェマは生得的な反射 ── 「吸うシェマ」── である。われわれは唇の周囲に触れたものを吸うという反射をもって生まれるが、それが原初的な世界への対し方である。唇に触れたものは何でも吸う（同化）という行動を繰り返すうちに、徐々にものに応じた吸い方（強くすったり弱くすったり）ができるようになっていくし（調節）、全く未分化だった外界が「吸うとおいしいもの」と「吸ってもおいしくないもの」に分化され、おなかが空いている時には「吸うとおいしいもの」だけを吸うようになる（調節）。

　さらに乳児は自分の身体にもシェマを適用して（第一次循環反応）指を吸うが、その過程で吸うことによって生じる感覚に違いがあることに気づき（吸う感覚だけの場合と吸われる感覚も伴う場合がある）「自分に属するもの」と「属さないもの」の区別もできるようになっていく。そこから原初的な身体的自己像が成立すると考えられる。

　やがて乳児は「見るシェマ」や「つかむシェマ」も盛んに使うようになる。そして手に触れたものをつかむだけでなく、見たものに手をのばしてつかむようになる（目と手の協調、第一次シェマの協調）。つかむことによってそのものは位置を変えるし、それがガラガラであればつかんでふることによって音が聞こえる。彼らは自分の行動の結果生じたことを再現させようとしてその行動を何度も繰り返す（第二次循環反応）。

　8、9ヶ月になると**物の永続性**の理解ができるようになり、おもちゃを布で隠すと、布を取ろうとする（それ以前は見えなくなると関心をなくしてしまっていた）。これは手段と目的の分化であるとされる。さらに反復だけでなく、行動を少し変えることにより結果がどう変わるか調べたりするようになる（第三次循環反応）。そして次の段階直前になると、実際にやらず頭の中で計画できるようになる（シェマの内面化）。

　つまり乳児期は外界に直接働きかけることで外界をとらえ、その働きかけが徐々に内面化に向かい、次の段階になっていく。

(2) 幼児期 ── 前操作的思考

　2歳頃になると子どもはことばとイメージを獲得し、目の前にないものを自

由に思い浮かべることが可能になって、感覚運動的知能のように実際にやってみる必要がなくなる。ことばもイメージも、あるものをそれとは別のもので表示するもの＝象徴であり、それを使うようになるため、幼児前期2〜4歳の知的あり方は**象徴的思考**とされる。この時期には葉っぱが食器で木の実が食べ物というように見立てる象徴遊び（**ごっこ遊び**）が盛んになされる。

　ことばやイメージの使用は概念化のはじまりであるが、彼らが思い浮かべるものは、まだ個々バラバラで概念化は不十分であり（前概念）、そのため「わんわん」が犬一般ではなく、自宅の飼い犬のことだったり、犬以外の動物まで含まれていたりする。また木の影と電灯の下の影を同じものと考えたりし、推理も非論理的である（たとえばあるお客が手土産をもってくると、どのお客ももってくると考えてしまう）。

　幼児後期は**直観的思考**と言われ、概念化や推理も進歩するが、この時期の思考の特徴は**自己中心性**と言われるように、自分の視点からしか物事をとらえることができない。そのため無生物も命や感情をもつとする**アニミズム**の考えをもち（自分と同じと考えるため、雨が降ってくると「お空が泣いている」、庭の敷石を踏むと「石が痛いって」と言ったりする）、また主観的なことと客観的なことの区別や、関係の理解ができなかったりする（自分の右側は相手から見ると左側ということがわからない（図5-5参照）。外国人とは日本人ではない人であり、自分も外国人にとっては外国人であるとは思わない等）。コラム5-1は関係を表す言葉の理解のむずかしさを示している。

　またものの本質ではなく、直観や自分からどう見えるかという知覚に基づいた判断がなされる。そのため数や量の保存ができない。量は変化していないのに「水面の高さが高くなった」というような見かけの変化 ── 表面的な自分からの見えや知覚 ── の影響を受けてしまうのである（図5-6参照）。

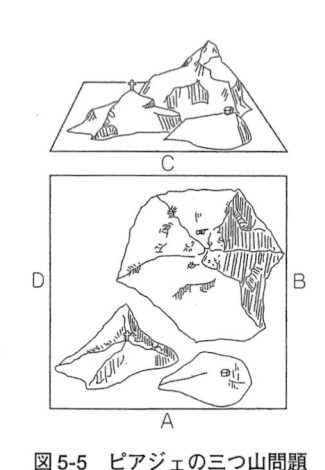

図5-5　ピアジェの三つ山問題

Aから3つの山を見ている幼児に、C（あるいはB、D）にいるお人形から見える景色を尋ねると、左右の逆転等がわからず、自分が見ている景色（上図）を答える。

> **コラム 5-1　自己中心性の例（親族の名称）**
>
> 6歳のかよが叔母と話している。
> かよ：「せっちゃんどうして、（わたしの）おとうさんのこと、おにいさんなんていうの？」
> 叔母：「しかたがないでしょ、おにいさんなんだもの。」
> かよ：「でも、おとうさんは、おとうさんで、かよ、こまるよ。」
> 叔母：「かよちゃんには、おとうさんでいいのよ。」
> かよ：「でもさ、なんか、おとうさんとおにいさんがふたりでいっしょみたいで、きもちがわるいよ。それにさ、ふたつのなまえがあるのに、かよがせっちゃんのまねして『おにいさん』なぁーんちゃったら、すごいおこられちゃった。だってふたつのなまえがあるんだから、いいじゃないねぇ。おかあさんたら、おこったよ。」
> それから何カ月かして
> かよ：「せっちゃんは、おとうさんのいもうとで、かよは、おかあさんのこどもで、せっちゃんはおばあちゃんのこどもで、おとうさんもおばあちゃんのこどもでー。」
> 叔母：「そうよ、うまい、うまい。よくわかっている。」
> かよ：「えー、まてよ。おとうさんが、こども？　ちょっと、おかしいな。おとうさんは、こどもじゃないよね。おかあさん。」
> 母親：「こどものときも、あったのよ。」
> かよ：「ああ、そう、え？　でも、こどものときもあっても、いまもこども？」
> 母親：「そうよ、いまも、おばあちゃんのこどもよ。」
> かよ：「フーン、でもね、おとなのにね、こどもなんて、かよとおんなじじゃん。」
>
> 〔上原輝男，1981 より〕

(3) 他律的道徳性

　幼児にとって善悪とは大人によって決められ、大人に従うことがよいことであり、罰を与えられること、おこられることが悪いことだと考える。そのよう

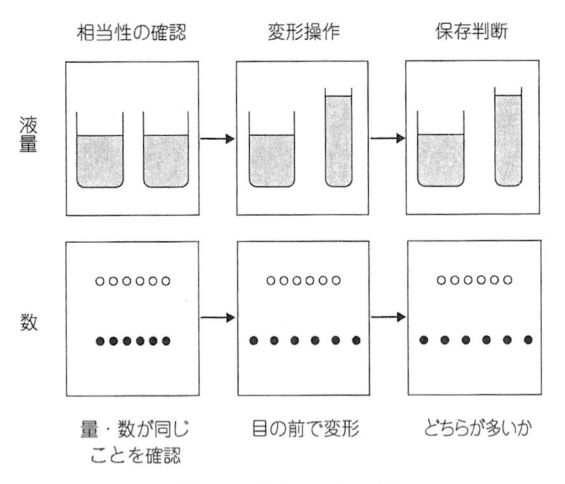

|液量| 相当性の確認 | 変形操作 | 保存判断 |

図5-6 保存テストの例

な道徳観をピアジェは**他律的道徳性**とよんだ。他律的な幼児は過失に関しても意図ではなく外的に見える結果に基づいて判断する（悪いことをしようとしてコップを1コ割った子よりも、意図は悪くないがたくさんのコップを割ってしまった子の方が悪いとする）。その基盤にあるのは第1は上述の自己中心性（罰を受けるかという自分にとって一番重要なことや、自分に見えることからしか考えられない）であり、第2は大人に対して一方的な尊敬をもっているという社会的関係である。自己中心性から脱却し仲間と相互的関係をもてるようになることにより、**自律的道徳性**（相互的尊敬に基づき同意されたものが正しいと考える道徳性）へと変化するとされる。他律から自律へと促すのは、仲間との相互作用であるとピアジェは指摘している。

コラム5-2の歌詞に母親の命を助けるために神によい子でいることを誓うという部分があるが、この子にとって「よい子」とは　大人からいつも言われていることに従うこと、外的に見えることをすることなのである。

(4) 心の理論

ピアジェは幼児期は自己中心的で、自分の視点からしかものごとを見ることができないとしたが、幼児でも他者の心の動きを類推したり、他者が自分とは

コラム 5-2　幼児にとってのよい子 & 愛着対象との別れ
　　　　　　　　──「約束」

「その日ぼくが石けりしてると、パパが家から出て来ていった。『坊や　急いで帰ってくるんだ　ママがお前に会いたいそうだよ』」と始まる悲しい歌。
　父親は坊やに、母親がもうすぐ死ぬと告げる。そして「だけど坊や、泣くんじゃないぞ。みんな誰でもいつかは死ぬんだ。坊やわかるな、お前は男だ。歯をくいしばり　耐えて行くんだ」と父親は言い、坊やは「泣かない」と約束をする。
　母親のところに行った坊やは、母親が涙を浮かべているのを見て神に祈る。「どうか神さま、お願い、神さま。ママを助けておくれよ。どんなことでもぼくはするから。夜寝る前に歯をみがくから。ごはんの前に手も洗うから。」
　しかし母親は亡くなり、坊やは泣いてしまう。「無理さ、無理だよ、泣くなと言っても。だってママは死んだんだ。ぼくは泣いた、やっぱり泣いた。」
　「だけどぼくは、ぼくは男さ。そのあくる年、あの戦争で、パパが死んだと聞いた時は、ぼくはその時、涙をこらえた。ぼくはその時約束守った。」

　高校生の時一度聴いただけなのに、心に残っていた曲。ここで取り上げたのは、神様との取引の内容が幼児期の思考の特徴に合っていること（彼にとって重要なことは目に見える外的な行動であり、いつも大人から言われていることをすることがよいことなのだ）、そして愛着対象との別れのつらさ、そしてそのつらさが癒されず引き続いてしまうと、抗議 → 絶望 → 脱愛着（p.39 参照）となっていくということが端的に描かれているからである。母親の死では泣き叫んでいた（抗議）坊やは、父親の死に際しては泣かず、多分無表情のままで痛手を受けた様子もなかったのだろう（最後の歌詞のところは音楽も起伏がなく低音の連続である）。「強い子だ」「成長した」とまわりは評価するかもしれないが、彼の心は立ち上がれないくらいに弱ってしまっていると考えられる。一方優しい母親に愛されたこと、父親との約束を守ったことを唯一の支え・誇りとして生きていくかもしれない……。戦争のことは最後に一言出てくるだけだが、戦争の悲惨さが伝わってくる。

〔藤田敏雄作詞，前田憲男作曲，雪村いづみ歌「約束」1964.〕

違う信念をもっているということを理解できることが明らかにされてきた。他者の心の理解ができるかどうかが、次のような実験で検討されている。

1. サリーとアンが、部屋で一緒に遊んでいました。
2. サリーはボールを、バスケットの中に入れて部屋を出て行きました。
3. サリーがいない間に、アンがボールをおもちゃ箱の中に移しました。
4. サリーが部屋に戻ってきました。
5. サリーはボールを取り出そうとしてまずどこを探すでしょう？　と質問する。

3歳では（自分が知っているために）「おもちゃ箱を探す」と答えてしまうが、4歳になると「サリーは移されたことを知らないからバスケットを探す」と他者が誤った信念（belief）をもっていることを理解できるようになる。自閉症児は誤概念の理解がむずかしいとされている。

4　遊びの発達

遊びは子どもの生活の中心であり、遊びを通してさまざまな発達が生じ、また発達によって遊びも変化していく。エリクソンは幼児後期を遊戯期とし、遊びを通して自我が発達するとした。

(1) 遊びの型

パーテンは、遊びグループの発達、遊びにおいて行われる社会的相互交渉のあり方から遊びの型を以下のように分類し、年齢と共に変化するとした（図5-7参照）。
①ぼんやり行動：とりたてて何もせずぶらぶらしている（それも遊びの一種なのである）
②一人遊び：他の子どもと関係なく一人で遊ぶ。砂いじり・ブランコなど
③傍観者的行動：他の子どもの遊びを見ている。参加はしないが時に口をだ

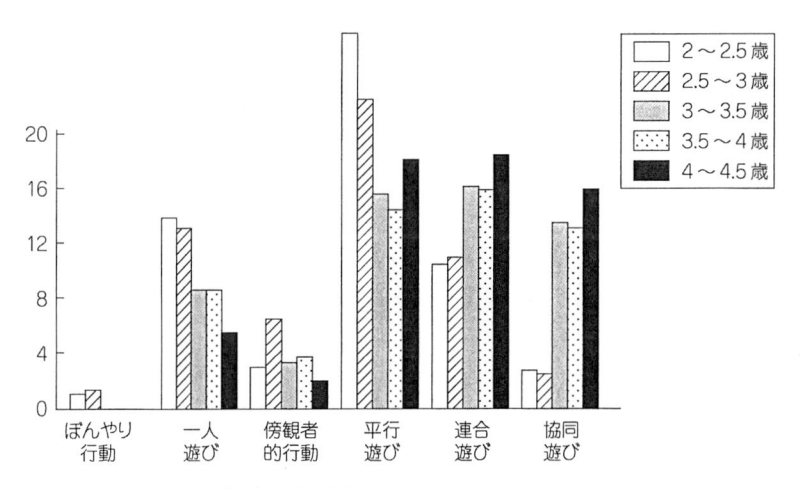

図5-7 遊びの型と年齢 (Parten, 1932; 二宮他, 2006より)

したりする。
④平行遊び：他の子どもと一緒にいるが、相互の交流はなく別々に遊ぶ
⑤連合遊び：一緒に遊ぶが、役割分担ははっきりせず、メンバーも遊びの種類も変わりやすい。ごっこ遊び・かくれんぼ・なわとび等
⑥協同遊び（組織的遊び）：役割分担やルールが明確で、共通のルールに基づいて遊ぶ

⑤はルールを守って遊ぶことより、行動そのもの（おにごっこで逃げたり追いかけたりすること）を楽しむのに対し、⑥ではルールに従って遊ぶことを楽しむ（時にルールを工夫したりする）。幼児だけのグループ遊びでは⑤までのことが多い。

遊びの内容による分類もある（感覚運動遊び：感覚や運動を楽しむ遊び、受容遊び：絵本・テレビ等を見る、模倣・想像遊び：ごっこ遊び、構成遊び：粘土・積み木・お絵かきなどものを使って何かを作る遊び）。

(2) 遊びの意義

幼児の発達にとって遊びのもつ意義は大きい。まとめると以下のようである。
(a) 運動能力の発達

足や手・腕を使い、運動能力を発達させる。特に外遊びは健康も増進させる。

(b) **自立性の発達**

友人との遊びの楽しさにつられて親の元から離れ、一人でやらなくてはならないため生活技能も身につけていく。

(c) **知的能力の発達**

遊びを通して外界の仕組みを自分なりに理解し（〜すると〜になる）、うまくいかない場合は別のかかわり方を工夫したり、想像力を使って創造する力を養う。

(d) **社会性の発達**

友達とのやりとりでは、自分の意志や欲求を伝えなければ通じないため、ことばの発達や自己主張を促す。また欲求がぶつかるためけんかも生じるが、自他の立場の違いに気づいたり、欲求調整の仕方やつきあい方を身につけていく。さらにごっこ遊びでは、生活場面を再現する中で社会的役割の学習も行われる（お母さん、運転手さん、お店屋さん、お医者さん……）

(e) **情緒の安定**

遊びは自発的な活動であり、やりたいことを自由にすることは開放感をあたえる。ものを作ったり壊したりするのもエネルギーの発散になると思われる。遊びは幼児が「自分がやった」と思える数少ない活動であり、**自己原因性**や**自己効力感**を経験できる。ガラガラをふると音がすることを知った乳児がくり返しふって喜ぶのは、自分の行動が同じ効果をもたらすことに喜びを感じているからである。ブランコやすべり台等がもたらす運動感覚からも自己効力感を感じているのだろう。

ごっこ遊びは現実にはできないことを半現実の中で行う活動である。子どもたちは日々の生活場面を再現し、また楽しかった経験を再現する。その際子どもは現実の場面とは違って能動的な他者になることが多い。受け身の形で参加していた場面を、能動的な他者になって再現する（たとえば子どもにミルクを飲ませるお母さん、商品を売買するお店屋さんとお客さん、バスの運転手と乗客……）。現実場面では子どもはそれを見ていただけだが、ごっこ遊びの中では子どもが能動的にやりとりをする人——その状況での主人公——になるのである。

あるいはつらかった経験もごっこ遊びとして再現されるが、これも受動的な

経験の能動化の意味をもつ。病院で痛い注射をされた子どもが帰宅後お医者さんごっこをして、妹や人形に注射をするという場合、本人は現実場面ではいくら泣いていやがっても事態を変えることはできなかったのだが、その状況をごっことして自分で再現し、能動的な世界の主人公になって経験し直しているのである。(ごっこ遊びではないが、エリクソンによれば子どもが積み木を積んでは壊す遊びを好んでするのは、歩いてはすぐ転んでしまった時の残念な経験を能動的な立場にたって再現しているのだとされる。) 遊戯療法は、そのようなことを利用しているといえる。

　トラウマを経験した後に、トラウマと関連したことが遊びの中でくり返される現象を**ポスト・トラウマティック・プレイ**という。阪神大震災の後段ボールで地震を再現する遊びがなされたり、自分が受けた虐待をぬいぐるみに向けたりというようなもので、それだけで不安が軽減されるわけではないが (治療的環境を与える必要がある)、子どもなりのつらさの表明であり、かつ、それへの対処なのだろう。

　コラム 5-3 に 1950 年代の映画だがポスト・トラウマティック・プレイを扱った『禁じられた遊び』を紹介した。この遊びは主人公の女の子ポーレットの情緒の安定に役立っている。

(f) 自我の発達

　幼児後期はエリクソンの第 3 段階であるが、遊びを通して自我の発達がおこるとされる。この時期は運動能力の発達により、行動半径が広がり、また言語の発達により想像や夢の世界を手にし、子どもの世界は大きく広がる。

　そのような状況で子どもは自分の世界を作り、自分のなりたいものになろうとするとエリクソンは言う。そのために自分は何になりたいのか知り、それを自分のものにしようとして積極的に対象について探索し、なりたいものを想像しまねをする。ごっこ遊びでその者になり、また両親に**同一化**して両親の特性を取り入れる。

　この時期の肯定的側面は自分の世界を積極的に広げていろいろなものになっていく**積極性・自主性**であり、あまりに広げすぎることによって両親から禁止され叱責されるのではないかという自制 ── **罪悪感** ── をもつのが否定的側面である。罪悪感による自制を受けつつ積極的な試みを繰り返し、想像の世界でなりたいものになることがこの時期の発達課題である。

第 5 章　乳幼児期 ── その様々な発達

> コラム 5-3　トラウマと遊び ──『禁じられた遊び』

　第二次大戦時、ポーレット（5歳くらいの少女）はパリからの避難の最中、戦闘機の掃射で両親を失う。農家の少年ミシェルに出会い、その家で世話になることになる。彼女は両親の死よりも愛犬の死を悲しみ、「死んだらお墓に葬らなきゃいけない」とミシェルから聞き、彼と共に水車小屋に犬のお墓を作る。犬が寂しくないように、他の生き物のお墓も次々と作る。ミシェルはポーレットを喜ばせようとひよこを殺し、墓地に忍び込んで十字架を盗む。2人は自分たちだけの秘密の遊びに夢中になる。やがてそのことがばれて、ポーレットは孤児院に送られることになってしまう……。

　両親と愛犬の死、大切なものを失ったポーレットは、そのトラウマに死者を弔うという遊びで対処する。現実には受動的に奪い取られたのだが、遊びの中では彼女とミシェルが主人公。楽しげな二人。両親を失ったポーレットは愛着対象を喪失したわけだが、ミシェルがその代わりになったようで、その打撃はあまり描かれない。ただし最後は、孤児院に行く途中雑踏の中でミシェルの名前を呼んでいたポーレットが、母親に似た姿を見て急に「ママ、ママ」と言いながらその人を追って雑踏の中に消えていく……という場面である。

　愛着対象の喪失、そのトラウマへの半現実の遊びによる対処、愛着対象の代わりをしてくれる者の喪失。ルネ・クレマン監督は「ポスト・トラウマティック・プレイ」という概念がまだない時にこのような映画を作り、戦争の悲惨さを静かに描いて秀逸である。

〔ルネ・クレマン監督『禁じられた遊び』1952.〕

5　対人関係の発達

　対人関係の発達については3章で母親との関係を取り上げただけなので、乳幼児期全体について、父親・仲間・兄弟との関係について述べておく。

(1) 父親

父母の異なった役割について論じた古典的理論は、精神分析理論である。フロイト（Freud, S.）によると乳児期の対人的環境は母親のみであり、乳児は母子一体の世界に住んでいるという。母親は基本的に乳児の欲求充足を助ける者であるが、そこに第三者としての父親が登場し、母子一体からの分離を促し、欲求充足を状況に応じて抑えること ── 社会的存在になること ── を要請する（図5-8参照）。フロイトによると幼児期には**エディプスコンプレックス**がもたれるが、危険なその状態から抜け出すために、幼児は父親に同一視し、父親のもつ価値観を身につけ、しつけを内面化する（超自我の形成）。父親は現実原則や道徳原則を明確に示すことにより、子どもを社会の成員として適切な存在にしていく。

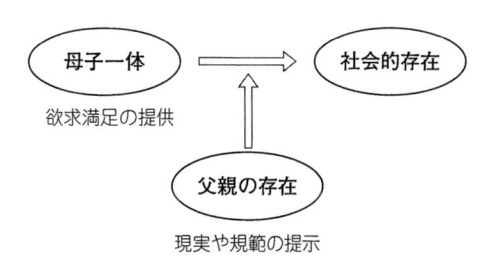

図5-8 精神分析理論における父親・母親

発達心理学においても父親は子どもにとって大きな意義をもつ（ラム（Lamb, M. E.）は父親は「忘れられた貢献者だ」とした）。**愛着**の対象として初めの内は母親が選ばれるが、7、8ヶ月になると父親も選ばれるようになる。母親には接触・接近が求められるのに対し、父親には声をだしたり笑ったりという親和行動が多く、母親とは異なった形で関係が作られる（図5-9にあるように、子どもを抱く状況も父母では異なっている）。また父親は遊び相手として好まれることが示されている。特にたかいたかいやふりまわす遊び等、動きを伴った身体的遊びが多く、母親とは遊び方も異なっている（図5-10参照）。

以上のように、父親は**分離・個体化**を助けたり、母親とは異なった形で子どもとの関係を作るが、その他にも母親を支え安定化させることでよい母子関係を作ったり、子どもの逃げ場になり子どもの安定の回復に寄与する等の役割がある。特に男の子にとっては**同一化**の対象であり、**モデル**としても重要である。そのような母親とは異なった役割と共に、時には母親役割をも果たす父親もいる。子育ては母親の役割という固定観念があるが、状況によっては父親が母親と同じように子どもの世話をすることもできるし（コラム5-4参照）、父親が主

として育児を担当すると、父親の行動様式が母親に似てくるという研究結果もある（図5-11参照）。

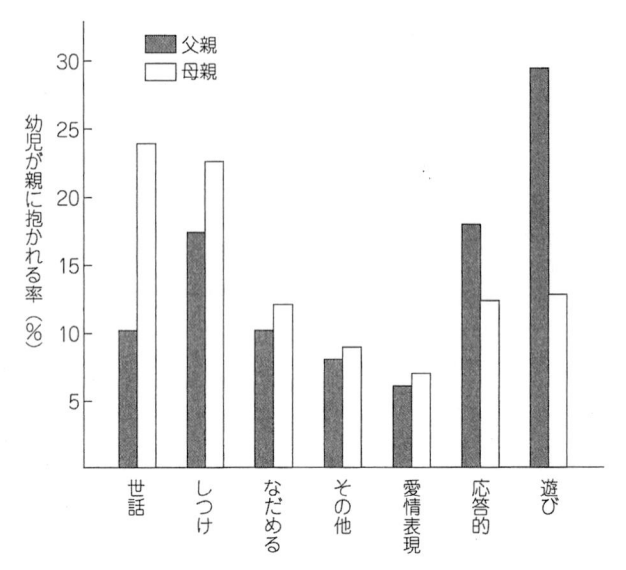

図5-9　父親および母親の乳児を抱く理由（ラム／依田監訳, 1977/1986）

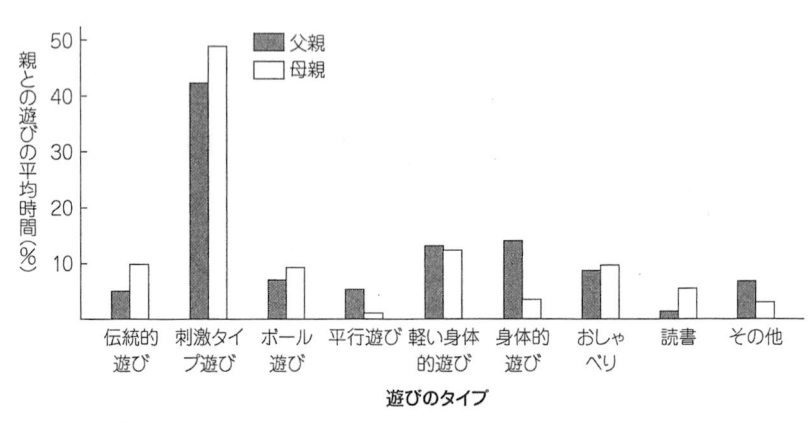

図5-10　幼児（月齢12〜13ヶ月）で観察された親子遊びのタイプ（ラム, 1977／依田監訳, 1986）

> **コラム 5-4　子育てを担う父親 ──『クレイマー、クレイマー』**
>
> 　ワーカホリックの父親が妻に逃げられて、子どもの世話をせざるをえなくなる。全て妻まかせで家事を全くできない父親が、悪戦苦闘して子どもの面倒をみるが、十分な仕事ができなくなり、重要な仕事を任されて有能だった彼はクビになってしまう。でも徐々に家事・育児をこなすようになり、仕事とも両立させ、きめ細かい世話をして子どもと心がつながっていく。
>
> 　シングルファーザーの大変さがひしひしと伝わってくる。誰もがこんなに器用に色々なことをこなせるわけではないが、父親も母親役割（育児の主担当者）を担えること、母親役割を担うことで子どもとの関係の持ち方や子どもへの気持ちが変わり、父親自身も成長することが描かれている。
> 　1999 年、厚生省の少子化対策キャンペーンで「育児をしない男を、父とは呼ばない」というコピーが話題になったが、アメリカでは 1979 年にこの映画が作られている。日本でも育児をする男性が徐々に増え、最近は「イケメン」ならぬ「イクメン」と呼ばれている。
>
> 〔ロバート・ベントン監督『クレイマー、クレイマー』1979.〕

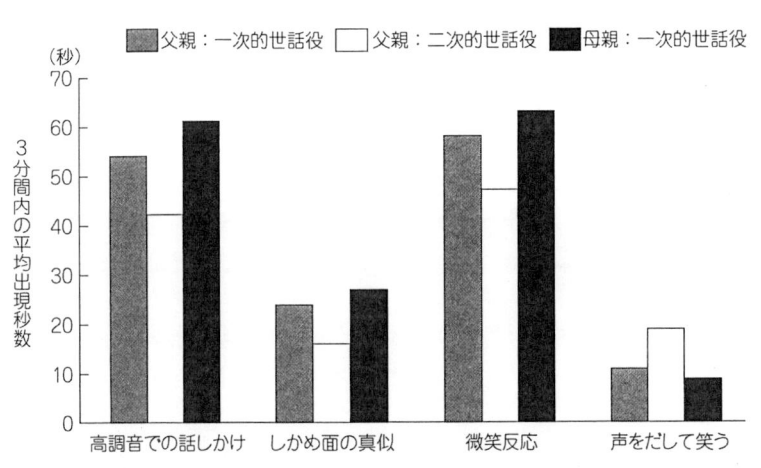

図 5-11　育児を担う父親の役割によるかかわり方の違い（Field, 1978 よりグラフ化；柏木，1996 より）

第 5 章　乳幼児期 ── その様々な発達　73

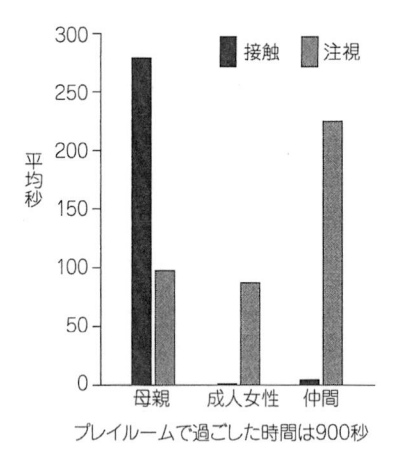

図5-12 1歳～1歳6ヶ月児の他者への接触および注視反応（Lewis et al., 1975; 中澤, 2000より）

（2）仲間との関係

　幼少期は子どもにとって母親のみが重要と言ってもよいが、同年齢位の子どもに対する関心も早くから見られる。新生児は自分の声を録音したテープに対しては反応しないが、他の新生児の声を聞くと自分も泣くことが示されている。そして他の乳児と対面するとそちらを見たり触ったり、他児の方に手を伸ばしたりする。6ヶ月を過ぎると見つめ合うようになるし、1歳頃にはものを介したかかわり－取り合いをするようになる。幼少期であっても、子どもと大人の違いはわかり、自分と同類の仲間には特別の注意を向けるようである（図5-12参照）。ただし積極的な対人行動を向けるのは3歳を過ぎてからである。そして徐々に気の合う子もできてくるが、そのきっかけは偶然的、表面的である。

（3）兄弟

　生活や遊びを共有し、子ども同士としての親しみをもつ存在であり、社会性の発達やモデルとしても重要である。一方母親からの愛情や承認を得ることに関するライバルでもある。1歳2ヶ月頃から嫉妬心が発生し、実験室でも母親

> **コラム 5-5　感情の発達**

　快－不快を基調とした主観的な経験を感情という。われわれは喜怒哀楽を中心にさまざまな感情をもつが、ブリッジス（Bridges, K. M. B.）の古典的な研究によると、はじめは気分の高まりとしての興奮があるだけであるが、そこから快－不快が分化し、2歳頃までに基本的な感情をもつようになるとされる。ルイス（Lewis, M. L.）はそのような基本的な感情を一次的情動とし6ヶ月くらいまでにもたれるようになるとしている。1歳後半になると困惑、嫉妬等の感情、2～3歳では恥や罪悪感のような自己意識的な感情も生じるようになる（図5-13参照）。

　感情の学習は、養育者等に感情表出を受け止めてもらい、共感してもらうことによって学習され、またその時々で言語化してもらうことで自分が何を経験したのか、その感情はどう言い表されるかの理解が進んでいく。

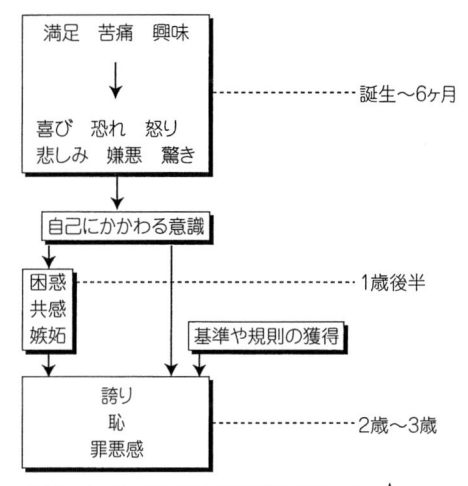

図 5-13　ルイスによる感情の発達（Lewis, 1989）

誕生～6ヶ月：満足　苦痛　興味 → 喜び　恐れ　怒り　悲しみ　嫌悪　驚き
→ 自己にかかわる意識
1歳後半：困惑　共感　嫉妬
基準や規則の獲得
2歳～3歳：誇り　恥　罪悪感

が兄弟を抱くと、人形や箱を抱いた時と違って拒否的な情動反応を示す（コラム5-5に、感情の発達の概略を示した）。したがって次子の誕生は子どもにとって大きな危機となる。母親が入院して寂しい思いをし、やっと退院してきて甘えられると思ったら、母親の関心は次子に向いている……。一人っ子としての安定した地位を失い、そのストレスから赤ちゃん返りがおこったりする。その後も下の子が歩いたりして関心が向けられている時期は特にストレスフルであり、それが上の子の反抗期と重なったりすると問題になりやすい。

　また兄弟関係の質は母親と子どもとの関係によっても規定され、母親が子どもの欲求に対する応答性が高い場合の方が、兄弟間の関係がよいことが示され

表5-3 母親との関係の影響を受ける兄弟関係　(Teti & Ablard, 1989; 小嶋, 1996 より)

子どもの行動特徴	母子の愛着の質				
	上の子	不安定		安定	
	下の子	不安定	安定	不安定	安定
下の子が泣いている時間の割合（%）の平均値	50	55	79	21
下の子が泣いているときに上の子がめんどうをみる時間の割合（%）の平均値	8	16	24	42
下の子に敵意を示す上の子の割合（%）	43	20	29	5

きょうだい2人で実験室にいるときの子どもの行動特徴と、それぞれの子どもの母子愛着関係の質の組み合わせとの関係。

ている（表5-3参照）。

最後に幼児期の母親・父親との関係の問題性と自我発達の問題性を示す事例をあげた（コラム5-6参照）。

コラム5-6　暴力的な6歳児の事例

　家族は両親と2歳年上の兄の4人。両親は高校時代の同級生で、卒業前に母親が妊娠し、親の反対を押しきって結婚し、四国より上阪。父親はいくつかの職を転々とし、現在は長距離トラックの運転手で、家にはあまりいない。母親は2人の子どもを抱えて、友達も相談相手もなく、疲労感と孤独感が強い。
　長男はおとなしく母に従順だったので可愛く思ったが、次男の剛君は小さい頃より身体が大きく、力もあり、よく動いて物にふれたり壊したりすることが多く、母親はしょっちゅう叱ったり、体罰を加えていた。
　5歳で幼稚園に入園、園では気に入らないことがあると大声でわめき、他の子にかみつく。家族に連絡があり先生に注意されるつど、母は怒って剛君を叱り、たまに帰宅する父親も母親からの報告を聞き、怒って殴ることが多い。最近になって剛君は、母親にかみついたり物をなげたり暴言を吐くなど攻撃的になった。父親は怖いらしく、父の前では神妙にしている。母に乱暴をした後母親が泣いていると、側に行き時に一緒に泣くが、またしても暴力的になる。

〔服部, 2000 より〕

若くして親になり、まわりからのサポートもなく余裕のない両親から、頻繁に叱責をうけながら育てられ、幼稚園で問題を指摘されている6歳児である。活発でよく動く彼は叱責を受ける機会が多く、それが彼にとってはつらく満たされぬ思いをいだかせ、さらなる攻撃に駆り立てられてしまう。
　幼児期の自我発達課題である自律性や積極性の達成はうまくいっていないと考えられる。自分の意志で行動する彼をまわりは認めたりほめたりするのでなく、叱られることが多かったようだし、自発的に自分の世界を作り、それを広げようとすることに対しても、統制や禁止が多く、その不充足感を攻撃という形で表明しているのだろう。ただし彼は母親が泣いていると側に行って一緒に泣くとあるように、母親が好きなようだし、母親はおとなしい長男はかわいく思ったとあり、本人も乳児期には可愛がられて基本的信頼はある程度もっていると思われる。
　この事例は週に1回、子どもはプレイセラピー、母親もカウンセリングを受けて状況をどうしたらいいのかの理解を得たりサポートを受けて、母子関係が徐々によくなっていったことが記されている。

第 6 章　児童期

　児童期は学童期ともいわれ、小学生の時期を指す。発達の進行に伴い小学校に入学するという移行が起こり、学校に通うことがそれに似合った発達をもたらす。児童期は精神分析理論では**潜在期**（リビドーが表に表れないため安定している時期）に該当する。生理的な激変もなく、安定した成長が続くため（図6-1 参照。毎年ほぼ同じ成長だが、近年思春期の到来が早くなり、小学校高学年で急成長が見られるようになっている）、心理的にも安定した時期である。そのため精神的エネルギーを知的作業に集中させることが可能である。

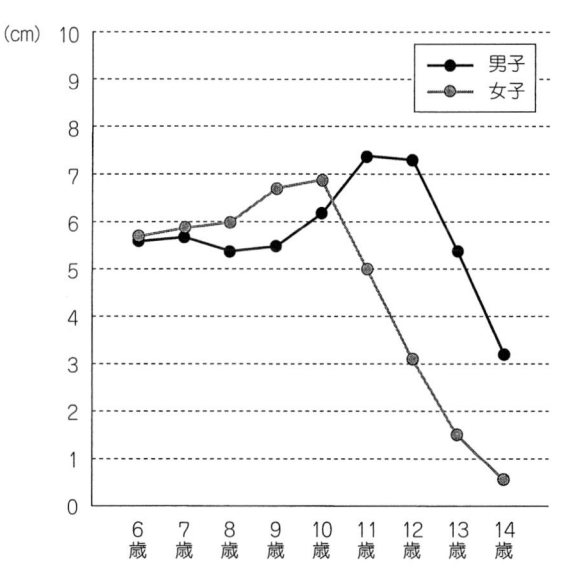

図6-1　身長の年間発育量（文科省, 2010）
21年度に17歳の者の小・中学校時の年間発育量。男子は11、12歳時、女子は9、10歳時の発育量が多い。

思考活動も活発化・複雑化し、幼児期のように行動優位ではなく、よく考えることが可能になり（「行動から思考へ」）、学校教育を受けるようになることと相まって言葉を媒介に多くの知識を得る。そして学校に通うことが家庭中心の生活からの脱却をもたらす。幼児期にも幼稚園に通い、友人と遊ぶようになっているが、児童期にはそれがさらに進み、親子関係優位から徐々に仲間関係が重要になっていく時期である。

以上のように児童期は比較的安定した時期であるが、特有の危機もあり、また幼児期の問題を修正したり、思春期の準備をし、思春期の前段階となる時期でもある。

1 知的能力の発達

(1) 認知能力－論理的思考の発達

ピアジェは児童期の認知発達を**具体的操作期**とした。幼児期は自分の知覚に基づいて直観的に判断してしまい、論理的に考えられなかったし、自分の視点からだけ考える自己中心的思考が特徴だったが、児童期になると、自己中心性から脱却して客観的・論理的思考が可能になる。「操作」とは論理的操作の意味で、幼児期はそれができなかったのに対し（前操作期）、児童期は具体的な事柄に関しては論理的に考えられるようになる。量の**保存**がわかるのも、コップの高さが高くなったという見えやすい知覚による判断ではなく、元にもどせば同じであるという「可逆性」や、高くなった分底面積は減っているという「相補性」等の論理操作によって判断されるからである。また数、重さ、面積、時間など、さまざまな科学的な基礎概念が獲得される。

ただし児童期の思考は内容の影響を受けてしまい、どのような場面にも形式的に適用可能ではない。たとえば「ネズミが犬よりも大きくて、犬の方が象より大きければ、ネズミと象ではどちらが大きいか」という問いに対して、具体的操作期の子どもは「ネズミ」と答えられない。形式論理的には$p>q$で$q>r$であれば、$p>r$になるが、彼らは内容にとらわれてしまい、ネズミが犬より大きいという事態が受け入れられないし、「ネズミと象では象の方が大きい

表6-1 一次的ことばと二次的ことば (岡本, 1985)

コミュニケーションの形態	一次的ことば	二次的ことば
状況	具体的現実場面	現実を離れた場面
成立の文脈	ことばプラス状況文脈	ことばの文脈
対象	少数の親しい特定者	不特定の一般者
展開	会話式の相互交渉	一方的自己設計
媒体	話しことば	話しことば、書きことば

に決まっている」と考えてしまうのである。

(2) 言語を媒介とする知的発達

　幼児期のことばは生活の中で使われ、具体的現実的場面での親しい特定の他者との間のコミュニケーションとして使われることが多く、話しことばだけであった。小学校に入ると、読み書きの学習が始まり、現実場面を離れた不特定の他者に向けた書きことばの獲得が課されるようになる。岡本（1985）はこの二種のことばを**一次的・二次的ことば**として区別しているが（表6-1参照）、書きことばの習得により、思考活動はより複雑に体系だってくるし、文字を読むことを媒介にした知識獲得も活発になっていく。そして文章を書く中で、自分の文章や考えをチェックすること（**モニタリング**）も徐々にできるようになっていく。
　記憶もただ課題を覚えるのではなく、ことばを実際に復唱したり頭の中で復唱して覚える方略（リハーサル方略）が使われるようになる。復唱することが記憶を確かなものにするが、リハーサルの自発的使用が児童期に増えることが示されている。ことばを使うことにより、児童の知的作業は格段と豊かになっていく。

2　社会性の発達

(1) 自己意識

　認知能力の発達により、自分に関しても目に見える外的特性だけでなく、内

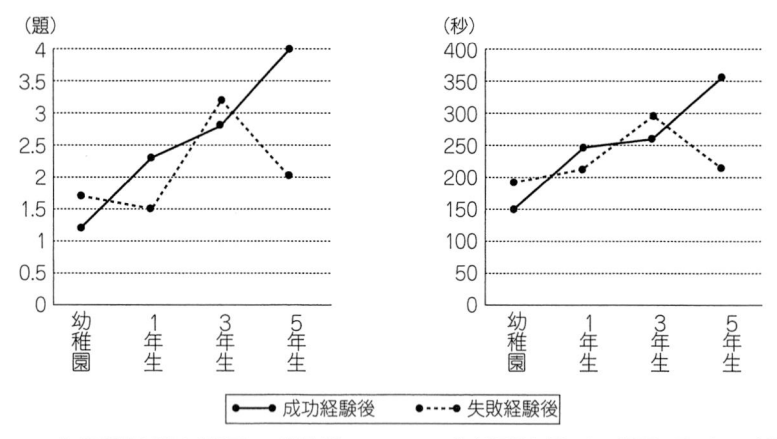

a　先行経験と解ける課題での解決数　　b　先行経験と解けない課題に取り組む時間

図6-2　無力感の獲得（Rholes, 1980）

的特性でとらえることが多くなる。また自分の視点だけでなく他の視点を含めた客観的なものの見方ができるようになると共に、自分を他者の視点から客観的にとらえたり、他者と比較してとらえることができるようになる。幼児期は単に「僕は自転車に乗れる」というとらえ方が多いが、児童期になると「僕は〇〇よりうまく乗れる」というように自他を比較した上での自分を意識するようになる。そのような認知により、遊び仲間の中での自分の位置や役割がわかるようになるが、一方他者との比較は、自己の劣等性や無力感につながることもある。図6-2は隠し絵から絵を見つける課題で、事前に成功経験／失敗経験をさせた群で、解決可能なパズルをどのくらい解くか、解決不可能なパズルにどのくらい取り組むかを見た研究結果だが、小3までは事前の経験の影響をあまり受けないこと、小5では事前の成功・失敗経験が影響することが示され、児童期後期には他者より劣るというような経験から**無力感**がもたれることが示唆されている。

（2）自己統制

　小学校に入学すると、一日の生活時間はきっちりと決められているし、さまざまな規則に基づいて行動することが要請され、多人数で長い時間集団生活を

送ることになる。それを可能にするためには、ある程度の**自己統制**能力が必要だし、学校生活を送る中で獲得もされていく。児童期には**満足の遅延**が可能になり、すぐに少ない報酬をもらう直後報酬ではなく、少し待つ代わりにたくさんの報酬をもらえる遅延報酬を選ぶ者が多くなる。

自分の行動を調整することがむずかしい子どもはトラブルをおこすことになる。ADHD（注意欠陥多動性障害）等、発達障害をもつ子どもの適応上の問題が、児童期にはしばしば浮上する（補章参照）。

(3) 社会的視点取得

1節で述べた自己中心性からの脱却は、社会性領域でも大きな変化をもたらす。幼児は対人的、社会的、道徳的事象に関しても自分からの視点からしか見ることができないが、児童期になると自他の視点の違いに気づき、どちらか一方の視点に立つのではなく、両方の立場を考慮できるようになる。さらに発達が進むとそれらを相互的に関連づけられるようになり、自分がこうすると相手はどう思うかというように相互作用をしている他者の視点をとることもできるようになる。

そのような発達と共に何を正しいと考えるか、正しさの枠組みも変化する。表6-2はコールバーグによる**道徳性の発達段階論**であるが、この発達の基盤にも**社会的視点取得**の発達があり、どの視点から考えられるかにより「奥さんの生命を救うために薬を盗んでもよいか」というような例話に対する反応が異なってくる（道徳性の発達とは視点取得が拡大する過程と考えられている）。児童期にはステージ2から3が多く、自他が同じものを受け取ること ── ギブアンドテイク ── で正しさをとらえたり、まわりの期待に合わせて他者からの承認を得ることが正しいととらえるよい子志向の者が多い。

(4) 仲間関係

低学年の頃は、仲間関係は遊びを中心に作られ、固定的なものではないし、同性と同様異性とも遊ぶ。中学年になると、集団のサイズが拡大し、集団意識ももたれるようになり、顔ぶれの決まった同性同士の集団遊びを行うようにな

表6-2 コールバーグによる道徳性の発達段階と各ステージの反応の例
(コールバーグ, 1969／永野監訳, 1987と山岸, 1995より構成)

	stage	発達段階の概要	反応例	とられる視点
前慣習的水準	1	罰と服従への志向（罰や制裁を回避し権威に従うことが正しい）	警察につかまるから盗んではいけない	自己中心的視点
	2	道具的功利的相対的志向（自分、時に他者の欲求を満たすことが正しい）	つかまってもそうひどい刑ではないし、妻に死なれるよりよいから盗んだほうがよい。	個人の視点
慣習的水準	3	対人的一致、よい子への志向（身近な他者からの期待に沿い、よい対人関係を保つことが正しい）	盗まずに愛する妻を死なせてしまうほうが非人間的だ。	相互作用をもつ他者の視点
	4	社会システム・秩序への志向（全体としての社会システムを維持することが正しい）	盗みが許されてしまうと、秩序が乱れてしまうから、盗むべきではない。	社会全体の視点
原則的水準	5	社会契約的遵法的志向（社会全体によって吟味され一致した基準に従うことが正しい）	生命の権利は人間にとって基本的、普遍的なもので、所有権を凌ぐから盗むべき。	特定の社会を越えた視点
	6	普遍的倫理的原則への志向（普遍的倫理的原則に従うことが正しい）		全ての視点

前慣習的水準：道徳的価値は人や規範にあるのではなく、外的・物理的な結果や力にある
慣 習 的 水 準：道徳的価値はよい・正しい役割を遂行すること、慣習的な秩序や他者からの期待を維持することにある
原 則 的 水 準：現実の社会や規範を越えて、妥当性と普遍性をもつ原則に志向し、自己の原則を維持することに道徳的価値をおく

る。メンバーは顔ぶれも決まるが、まだ変容しやすい。高学年になると、メンバーが安定し、結束も高まる。

　児童期後期に作られるこの時期特有のグループを**ギャング集団**といい、この時期を**ギャング・エイジ**という。「ギャング集団」とは結合の強い閉鎖的な同性同年齢集団で、リーダーを中心に自分たちでルールを作り、ルールに基づいて組織的な集団遊びに没頭する。メンバーは共通の目標の実現を目指し、集団やリーダーに忠誠心を持って一致団結して他の集団と競う。集団外の者は排除し、自分たちだけの秘密や暗号をもったりして、強いわれわれ意識をもつ。そして親にうそを言って仲間と行動したり「小さな悪」を共有して、仲間との**連帯感**を強めたりする。

そのような仲間をもつことの発達的意義は大きい。青年期に向けて徐々に親からの自立へと向かうが、仲間と共に過ごし連帯感をもつことは自立の源になる。また集団に所属することで、集団内の役割や規範を学び、責任をもつことや約束を守ることも学ぶ。自己意識のところでも述べたが、所属集団での自分の位置や役割を考えられるようになる。自分がやりたいことと違っていても自分の役割を果たすこともできるようになり、たとえばピッチャーをやりたくてもよりうまい子がピッチャーになることを認められるようになる。コラム 6-1

> **コラム 6-1　生産性課題を目指した連帯**
> **――『エーミールと探偵たち』**
>
> 　ナチス支配下のドイツで書かれたケストナーの児童文学。
> 　お母さんに頼まれて、おばあさんにお金を渡しに一人でベルリン行きの汽車に乗った少年エーミールは、寝ている間に山高帽の男にお金を盗まれてしまう。誰も頼ることのできない知らない都市で困り果てるが、グスタフという少年をリーダーとする少年たちに出会う。そして彼らの協力を得て、そのネットワークを使って、山高帽の男を見つけて包囲し追いつめてしまう。
> 　皆と一緒に泥棒を追いかけ、追いつめる活動に加わりたいけれど、電話番の役を与えられてしまったちびの火曜日くんは、2日間電話のそばにいて、皆からの連絡を受け、それを書きとめ伝える仕事を果たす。寝る時も自分の持ち場を離れず、電話のそば、父親の肘掛け椅子の中で眠る。最後に自分の義務を果たしたことを褒められるが、「君たちだってそうしただろう。ちゃんとした男の子ならしなきゃならんことはするよ」と答える。
> 　本物の泥棒をつかまえるという**生産性課題**を目指して皆で協力する少年たち。リーダーを中心に役割をきめて協力し、メンバーはそれぞれ集団の目標のために、時には自分がしたいことを抑えて自分の役割を一生懸命果たす。少年たちの連帯を描いた児童向けの本。児童期の連帯がうまくいかなかったことを描く小説として『蝿の王』（ゴールディング、新潮社、1954/1975）、一旦成功しこわれる『芽むしり 仔撃ち』（大江健三郎、講談社、1960）についてては山岸（2007）で論じた。
>
> 〔ケストナー, E.『エーミールと探偵たち』高橋健二訳，岩波書店，1929/1962〕

に児童文学『エーミールと探偵たち』の例をあげた。

仲間が重要であるため、仲間から言われることで上記のような行動をとることが可能になったり、仲間の行動を見て**モデリング**によりその行動を学ぶことも多い（映画『学校Ⅱ』（山田洋次監督，1996）にもそのような場面があり、山岸（2009）でも解説した）。

仲間との連帯感を深めることが、大人からの自立を促すこともあるが、「小さな悪」が非行的な行動につながることもある。またギャング・エイジの時期には、ルールに従わない者に対するいじめがおこりやすい。「仲間の掟」を守らないことへの集団的制裁としてのいじめであるが、大人社会の価値観を反映した「異質性の排除」が集団遊びとして行われる場合もある。表6-3はそれぞれの年齢段階における対人関係の理解とおこりやすいいじめをまとめたものである。

またギャング集団の少し後、前思春期に**チャム**という親密な友人関係がもた

表6-3　いじめ問題の発生機序の段階区分（楠，2002）

発達年齢	6歳～9歳頃	9、10歳～11歳頃
段階区分	段階1	段階2
自我・社会性の発達的特徴	一方向的な対人関係理解。大人の意見をそのまま取りいれる「**他律的道徳**」 家族内のルールや価値観の学校生活での「修正」	相互的、二方向的な対人関係理解。仲間集団内での「掟」の誕生と「形式的平等」の道徳。「自己客観視」の成立。「集団的自己」の誕生、拡大。
その段階を反映した主要ないじめの特徴	「悪い」とされた子どもへの一方的制裁としてのいじめ。本格的な集団いじめは未成立。 家族内の支配・抑圧関係を再現したいじめ。	「集団的自己主張」の強まりによる「異質性の排除」としての集団いじめ。 発達疎外状況を抱えている子どもたちの暴力、暴言的いじめ。
発達年齢	11歳～13歳頃	14歳～17歳頃
段階区分	段階3	段階4
自我・社会性の発達特徴	同性の友人との親密な関係の創造。地下組織的な様相をもつ「私的グループ」の誕生。 「集団的自己」の充実、「集団的規律の普遍化」	思春期の「価値的自立」のエネルギーの誕生に伴う、既存の大人の価値観の転倒ないしは相対化。「呑みこまれ不安」の強まり。
その段階を反映した主要ないじめの特徴	「似たもの同士」のいじめ。「私的グループ」の結束を強化するためのいじめ。 「いい子」のいじめ、「いい子」へのいじめの始まり。	「価値観的な呑みこまれ状態」による自我内部の葛藤、抑圧によって生じるいじめ。 恐喝や傷害などの犯罪的色彩の強いいじめ。

れるようになる（コラム 6-2 参照）。小学校高学年から中学生の時期になると、自分と同等に大切に思える他者ができ、誰にも話さないような事を話すようになる（7 章で詳しく述べる）。そのような友人をもっているかどうかが学校適応に関係し、サリヴァン（Sullivan, H. S.）はそれ以前に生じた障害がチャムによって修復可能としている。特に家庭に関して問題がある場合は、親密な友人がいるか否かが適応に大きく寄与することが示されている（図 6-3 参照）。

コラム 6-2　前思春期のチャム——羽仁進少年と『赤毛のアン』

友情への憧れが宿った日

映画監督羽仁進は少年時代どもりがひどく、友達のいない寂しい日々を送るが、10 歳になってまもなく、はじめて友達と心が通じ合う経験をする。教室の掃除をしながら色々なことを話し合い、別れるのが惜しくて、時間がたつのも忘れるくらい遊ぶ。その帰り、夕日の美しさに圧倒される。「いつのまにか自転車が足もとに倒れたのにも気づかず、呆然と立ちつくしていました。はじめて風景の美しさ、自然の美しさを知った日は、僕の心に友達のすばらしさ、友情への憧れが宿った日だったのです」

〔羽仁進『初恋・自殺・不良少年——ぼくの思春期』ポプラ社, 1979.〕

アンとダイアナの友情

孤児院から引き取られた空想好きな 11 歳の少女アン。里親のところを転々として、やっとマシュウとマリラに引き取られ、近所に住むダイアナと会う。そして腹心の友になること、永久に友達になる誓いを厳かに宣誓しあう。帰宅するとマリラに「今この瞬間、私はプリンス・エドワード島で一番幸福なの」と夢中で話し、大切なものを分け合う喜びを語る。

前思春期から思春期の女の子がもつチャムへの憧れとそれをもつ喜び、そして反発しつつ次第に心惹かれていくギルバートに対する恋も共感を呼び、この時期の女の子から絶大な支持を得ている。

〔モンゴメリ, L. M.『赤毛のアン』村岡花子訳, 新潮文庫, 1908/1954.〕

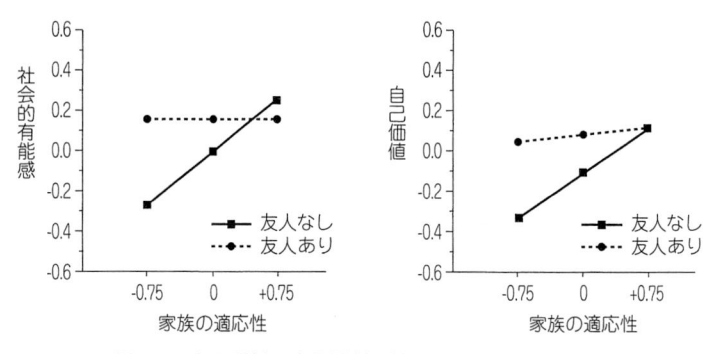

図6-3 友人関係が家族関係を補う (Gauze et al., 1996)

3 自我の発達

エリクソンによれば、児童期の発達課題は「**生産性 対 劣等感**」の危機の克服とされている。児童期になると子どもたちは学校に入り、知識の吸収や技術の習得を目指すようになる。幼児期のように個人的な目標を追って主観的な満足を求めるのではなく、社会で認められた目標、誰もが認めるような客観的な成果を目指すようになり、知的な学習やスポーツ、お稽古事等にエネルギーを注ぐようになる。彼らは忍耐強く一生懸命学び、仕事を完成させることに喜びをもつ。エリクソンはこの時期の自我のあり方を「私は学ぶ存在である（I am what I learn）」とした。その背後にあるのは、1節で述べた、ものごとを客観的にとらえられるようになるという認知発達（**具体的操作**）と、学校という集団への所属である。

自他の行動を自分の視点からだけではなく客観的に見ることが可能になった子どもたちは、客観的な成果＝「生産性」があったと認知した時、達成感や**自己効力感**を感じるようになる。幼児期には客観的な成果ではなく半現実の中であっても、自分にとって成果があると感じられれば「自分がやった」という充実感を経験していたが、児童期になると、それを経験するためには客観的な成果、誰もが認めるような生産性を得ることが必要になる。そして努力しても思うような成果が得られない時、彼らは劣等感や**無力感**をもつようになる。

遊びに関しても、幼児期には自分たちだけの世界を作る主観的なごっこ遊び

が中心であったが、児童期には共通の基準に基づき客観的な成果を競うような集団遊びが中心になる。目指す目標を他者と共有し、行動の成果も客観的にとらえられるようになると、複数の他者との**協力・競争**という新しい関係がもたれるようになる。そして2節で述べたように、児童期後期にはこの時期特有の**ギャング集団**が形成され、協力と競争を含むような遊びに興じる。

　エリクソンによれば、児童期はできないかもしれないリスクや劣等感と闘いながら、知識の吸収や技術の習得を目指して勤勉に学ぶ時期であり、そのことにより自我の力を身につけて、思春期の混乱を乗り越える適応力をつけ、また社会に位置づく（同一性達成）ための準備をしている時期である。

　コラム6-3に、児童期後期の4人の男の子を描いた映画『スタンド・バイ・ミー』を取り上げた。児童期のギャング集団や発達課題、友人関係や親子関係が印象的に描かれている。コラム6-4では、小児がんにめげず強く生きた少年の**生産性**課題への取り組みについて述べた。

コラム6-3　ギャング・エイジの少年たち ——『スタンド・バイ・ミー』

　中学に入る直前の4人の少年たちが親にウソを言って死体探しの冒険に出かける2日間の出来事を描いた物語。この仲良しグループがまさにギャング集団で、自分たちだけの秘密の隠れ家で遊び、大人ぶってタバコを吸ったり、禁じられている「小さな悪」をしたりしている。そして行方不明になっている死体を探そうと企てるのだが、社会的に認められる共通の目標（「発見者としてテレビにでる」）に向かって仲間と協力して達成しようとする —— これはまさに児童期の発達課題といえる。児童期の少年らしくふざけたりけんかしたりしながら、一方で傷つけられた相手を慰めたりして、児童期の友情の素晴らしさが描かれる。

　屈託ない少年に見えるが、かれらはそれぞれ家族にかかわる問題を抱えている。主人公のゴーディは文学少年だが、父親から「文学なんてくだらない」と言われ、嫌われていると思って悩んでいる。両親はスポーツ万能で誇りに

思っていた兄を亡くして落ち込んでいる。

　リーダー格のクリス、彼は頭もよくリーダーの資質をもっているが、問題家庭であるため偏見をもたれ、盗みの濡れ衣（教師に返したのに教師がそれを着服してしまう）を着せられている。ロクな人間になれないと皆から見られ、自分でもそう思っている。父親に虐待されながら父親を敬愛し、勇敢な戦士だった父親の行動を真似て、無謀な行動をしがちなテディ。ちょっと幼くて臆病なバーン。

　彼らの交流はギャング集団そのものであるが、前思春期のチャムの要素もあわせもっている。彼らは相手のことを自分と同じように大切に思い、お互いに弱さをさらけだして支え合う。「この時のような友人はもう2度ともてない」と大人になったゴーディが最後に語るが、ゴーディとクリスはお互いに支えられて、作家と弁護士になるのである（クリスは「君には才能がある。お父さんがそれを育てないのなら、ぼくが応援する」とゴーディを励ます）。

　親との問題をかかえた少年たちだが、親からの愛を求めていること、父親に同一視して父親の価値観をそのまま受け入れていることもわかる。

　「君がそばにいてくれれば何もこわくない。友よ、いつもそばにいてほしい（Stand by me）」「君が困った時は、友よ、いつもそばにいてほしい。僕が支えてあげるから」というエンディングの歌が心に染みる。

〔ロブ・ライナー監督『スタンド・バイ・ミー』1986.〕

コラム **コラム 6-4　小児がんの直也くんの生産性課題**

　『がんばれば、幸せになれるよ』は、小児がんで4年間病気と闘って9歳で逝去した直也くんの言動を母親が綴った記録である。直也くんは再発を繰り返すが、つらい治療によく耐え、めげずに強く生きる。

　彼が強く生きられた要因は色々あるが、その一つは彼なりの**生産性課題**を達成し、有能感を感じていたことにあると考えられる。彼は入院生活が多く、学校にあまり通えず、一般的な生産性課題から遠ざけられていたが、読み書きが上達すると「漢字博士だ」と自慢していたというように、生産性課題達成を求めていたようである。

　そして「痛いと言わないこと、治療を嫌がらず受けること」が、彼にとって生産性課題になったのではないか。その客観的基準に照らし合わせて、誰

よりも頑張ることを彼は目指した。「みんなだったら耐えられないと思うよ」というような痛みに自分は耐えているという誇り。「この痛みを主任さんにわかってもらいたいな。わかったら、またナオに返してくれればいいから。」そして「代われるものなら代わってあげたい」という母親に、「ナオでいいんだよ。ナオじゃなければ耐えられない。おかあさんじゃ無理だよ。」
　自分は病気のつらさに誰よりも耐えられるという意識や誇りが彼を支え、そしてそのことを認めてくれる家族が彼の有能感・自己肯定感を補強していた。（ただし弱さを出し、不安を出して受けとめてもらう経験をもてなかった直也くんは、かなり無理をしてつらかった可能性がある。）
〔山崎敏子『がんばれば、幸せになれるよ ── 小児がんと闘った9歳の息子が遺した言葉』小学館，2002.〕

4　大人との関係

(1) モデリング

　幼児期に同性の親に同一化して、親と同じように振る舞ったり、その規範を取り入れたりすることを述べた。社会的学習理論ではそのような他者の行動を見ることによりその行動をするようになることを**モデリング**による学習としている。児童期にもまわりにいる大人、特に親しみをもち尊敬している親の行動はよくまねられるし、親のようになりたいという思いをもつ子は多い（成績がいいのに父親や兄たちが誇りをもってやっていた炭坑夫になる少年を描いた古典的映画『わが谷は緑なりき』等については山岸（2009）を参照）。
　世界が狭い子どもにとって、自分の親はたくましく何でもできる存在に見える。あるいは周囲の大人をみていて憧れをもつこともある。被虐待児デイヴ（コラム 2-4 参照）にとって、父親は自分を助けてくれる唯一の人であり、勇敢な消防士である父親に憧れ、「誰かを助ける人」になりたいという思いを一貫して持ち続けていた。またスーパーマンに憧れ、空想の中で彼のようになることで自分を励ましている。『スタンド・バイ・ミー』のテディも、戦争によるPTSDで精神を病んでしまった父親に虐待されながらも父親を敬愛し、勇敢な

戦士だった父親をモデルにして、何かというと戦争場面のような行動をしようとしている。

(2) ピグマリオン効果

大人が子どもにある期待をもつと、それが実現化してしまう現象である。権威ある心理学者が心理検査を行い、「この子たちは将来伸びることが予想される」と教師に告げると、実際には無作為に選ばれただけであるにもかかわらず、1年後に調査をするとその子たちの成績が上がっていた。教師のもつ「この子はこれから伸びる力をもつ子である」という期待が、その子への対応に影響し（たとえばその子が間違えた時、勉強不足と考えず、考えすぎたのだと考えて対処する）、その子の力を伸ばす働きかけを行ったからだと考えられる。悪い方向への実現化もあり、「どうせあの子は悪いことをする」という期待をまわりの者がもつことが、その子の反社会的行動につながることがしばしばある（ラベリング効果とも言われる）。そのような現象は日常的にもよく見られるし、『スタンド・バイ・ミー』のクリスも「ろくな子にならない」という期待通りに給食費を盗んでいる（その後返そうとするが、汚名は晴れない）。しかし結局彼は「期待」通りにはならず、立ち直っているが。

(3) 親の影響とその相互規定性

小学校に入学すると、重要な対人関係は徐々に家族から仲間へ移っていくが、児童にとって親はまだ一番のサポート源であり、また社会化の担い手、モデリングの対象となり、さらに感情を表出したり統御したりしながら相互作用を共に作る者として、親のあり方が子どもの発達や社会化に与える影響は大きい。

親の養育態度や養育スタイルが子どもの発達にどう影響するかということは、古くから多くの検討がなされてきた。それらは親の応答性と要求性の2次元でまとめられている。要求的で構造を提供し、かつ暖かい権威的（authoritative）な対応をする親の子どもは社会的に有能だが、統制的で暖かみにかける権威主義的（authoritarian）な親の子どもは引っ込み思案で自尊心が低い傾向がある。また応答性はあるが要求的でない許容的（permissive）な親や応答性も要求性も

低い放任 (neglectful) の親の子どもは発達的に問題をもつ傾向があることが示されている。

　ただし親の養育態度は、それが子どものあり方を規定するという一方向的なものではなく、子ども側の要因が親の態度を規定する面もある。たとえば反抗的で自己統制がむずかしい子の親は、叱責が多く統制的になりやすく、それがさらにその子どもの傾向を強めることになる。親子関係は双方向的であり協同で構成され、親子の相互交渉のパターンが繰り返される中で、双方の傾向が固定化されて、親の養育態度とそれと対応するような子どもの傾向が作られていくといえる。

　また養育態度だけでなく、親子の相互作用で示される親の感情表出の仕方等が、子どもの他者の感情理解や自分の感情の統制に影響するとされている。

(4) 寂しさや大変さを埋めるもの ── 移行対象

　児童期になると、幼児期のように安全基地としてしょっちゅう母親のところに戻ってくるというようなことは少なくなる。しかし家族からの道具的・情緒的支えを求める気持はまだ大きく、つながりも強いが、それが満たせない場合もでてくる。乳幼児期に母親からの分離・個体化に際して、また母親からの分離場面で**移行対象**がもたれる場合があることを述べたが (p.40)、児童期にも自分一人で立ち向かわなくてはならない寂しさや大変さを埋めるものとして、移行対象のようなものをもつ者もいる（看護学生に聞いたところ、児童期にもかなりの者があったと報告している。たとえば「小学生になり、母が働きに出たので、いつもウサギのぬいぐるみを抱いていて、出かける時も持って行った」）。つらい時、寂しい時に慰めや安全感を与えてくれ、それまでの親に代わる機能を果たしていると考えられる。コラム 6-5 に、少年を支える空想上の友人を描いた漫画を載せた。この少年は早く大人にならなければならない辛い状況 ── 親からの保護を十分受けられない、孤独な状況 ── に置かれているが、いけちゃんという正体不明の生き物がいつもそばにいて、励ましてくれる。ドラえもんのように特別な力をもっているわけではないが、気持ちを共有し、落ち込んでいるとなぐさめてくれる。少年が強くなり、一人で立ち向かっていけるようになるまで、そばにいてくれるのである。

> コラム 6-5　少年を支える空想上の友人
> ——『いけちゃんとぼく』

　父親が亡くなり、母親は働いているのか、主人公はいつも一人で過ごしている。ご飯を食べるのも、お風呂に入るのも、寝るのもいつも一人。でもそのそばには必ずいけちゃんがいる。下の3つの漫画は、以下の場面の次に描かれている場面である。

① シャンプーをする時、目をつぶるのがこわいと主人公が言う場面
② 一人で寝るのがこわいと言う場面
③ 夜中にトイレに行きたくなるが、おばけがいっぱいいそうな廊下を行くくらいなら「僕は名誉のおねしょを選ぶ」と主人公が言うと、いけちゃんがついてきてくれる場面

〔西原理恵子『いけちゃんとぼく』角川書店, 2006.〕
©西原理恵子

5 現代社会の児童期の問題

(1) 遊びの問題

 2節で集団での遊びや仲間関係の重要性を述べたが、現代日本ではそのような遊びが減っているという問題がある。現代の子どもたちはサンマ（3間）「時間・空間・仲間」を喪失したと言われる。多くの空間は大人が管理する場所になり、多人数で自由に遊べる場所もなく、家の中で少人数で遊ぶことが増え（表6-4参照）、塾やお稽古事で忙しい子ども達は遊ぶ時間も少ないし、遊ぶ仲間もなかなか得られない。あるいは遊ぶ仲間も同じクラスの子に限られてしまい、異年齢で多種多様な仲間とのやりとりは非常に少なくなってしまっている（表6-5参照）。

表6-4　遊び場の変化（タカラ, 1991）

	祖母（大正12～昭和23年生まれ）	母親（昭和30～40年生まれ）	子供（昭和58～63年生まれ）
自分や友達の家の中	28	35	89
公園	2	31	68
自分や友達の家の庭	38	14	24
学校・幼稚園	3	8	20
道路・路地	41	39	19
原っぱ・土手	42	31	4
神社・広場	26	20	2

表6-5　遊び仲間の世代変化（複数回答）（住田, 2000）

	親の世代	子の世代
異年齢の子ども	76.5	16.7
同年齢の子ども	38.5	85.5
同性の子ども	54.2	79.8
異性の子ども	54.7	18.4
少人数（4人まで）で	18.1	82.0
多人数（5人以上）で	77.3	8.2

6歳児の母親1,640名を調査。

そして3間の喪失は、ギャング集団の衰退をもたらしている。緊密な集団を作り、共に集団行動をしたり、時には徒党をなして小さな悪をなすような経験が少なくなっていることが危惧されている。2節で規則を守らない者へのいじめが見られることを述べたが、ギャング集団的な活動のなさがいじめにつながり、いじめによって連帯感を得る場合もある。なお、大人の目からは3間がないように見えるが、塾帰りにちょっと遊ぶというような、今までとは異なった遊びもあるかもしれない。

(2) 生産性課題

社会的比較が可能になる児童期には競争が重要になってくるが、競争的な現代社会においては、子どもたちは過度の競争に曝されている。学習を動機づけるために競争が使われ、また相対評価が頻繁に使われることで、自分ができるようになった、上達したということとは別に、他者よりもできることが必要とされる。その結果、競争に向けて過度に勤勉な少数の子がいる一方、自尊心の傷つきや劣等感を極度に恐れて生産活動に没頭できない子が多くなり、全体的に自尊心の低い子が多くなっている。

そのような競争の弊害を危惧し、教育場面から競争を除こうとする努力も見られる。それが昂じて子どもが競争に負けて**劣等感**をもたせないために、運動会の徒競走で同じくらいの速さの子どもたちをグループにして走らせ、その差を目立たないようにするというような配慮にまでなっている。確かに苦手な子は傷つかずにすむが、過度な配慮は、劣等感と戦いながら生産性獲得に向けて頑張るという**生産性課題**に直面する機会を奪うことになる。一方子どもたちは裏では激しい競争に曝されており（たとえば競争を煽る進学塾、勝利至上主義のスポーツ少年団）、大人は生産性課題に対してアンビバレントな対応をしているようである。そして公的教育においては生産性課題は曖昧化される傾向がある一方、競争的な視点が発達の早期にまで持ち込まれている。幼児期は自分なりにできたと思うことが重要な時期なのに、早期教育によって客観的にできること（お稽古ごとでうまくできる子）が目指されてしまっている。日本の親たちの子どもの発達への満足感が低いのは（図6-4）、幼少期から子どもの発達を他児と比べてしまうためと思われる。

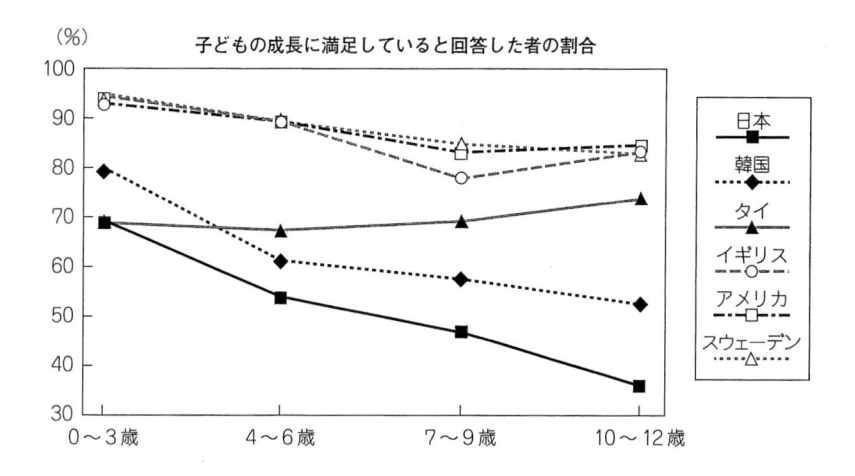

(%) 子どもの成長に満足していると回答した者の割合

凡例: 日本, 韓国, タイ, イギリス, アメリカ, スウェーデン

単位:%

	日本	韓国	タイ	イギリス	アメリカ	スウェーデン
0〜3歳	68.7	78.7	68.5	92.7	93.1	94.4
4〜6歳	53.7	61.1	67.0	89.1	88.5	89.2
7〜9歳	47.3	57.8	69.4	78.1	82.8	84.6
10〜12歳	36.3	52.9	74.1	83.3	84.5	82.7

(注)各国とも0〜12歳の子どもと同居している親約1,000人を対象に調査。

図6-4 子どもの成長についての親の満足度 —— 国際比較（文部省，1993）

　現代日本の子どもは自己評価や自尊心が低いことが指摘されているが、競争に負けることを予期し、これ以上自尊心を下げないために競争から降りてしまう子、生産性課題に取り組まない子がでてきてしまっている。また遊びのところでも述べたように、児童期に可能になった**競争と協同**の内、協同的な活動がなされにくくなっているという問題もある。

　児童期に生産性課題に直面することは重要だが、他者との比較・競争ではなく、自分ができるようになることを目指す学習になるように大人が配慮することが重要だろう。達成行動の目標の設定の仕方には2種類があり、他者と比較しよい成績をとること、自分が利口に見えることを目指す「成績目標（performance goal）」と、自分の熟達を目指す「学習目標（learning goal, あるいはmastery goal）」がある。表6-6は、目標の持ち方によってクラスの雰囲気が異なることを示している。「学習目標」を設定することが子どもの学習を内発的

第6章　児童期　97

表 6-6　クラスの雰囲気と達成目標

(Ames & Archer, 1988；新井, 1995より)

雰囲気の次元	マスタリー（ラーニング）目標	パフォーマンス目標
何が成功と見なされるか	進歩・上達	良い成績・高い順位
何に価値が置かれているか	努力・学習	他者よりも高い能力
満足の理由は何か	熱心な取り組み・挑戦	他者よりも優れた結果を出す
教師の志向はどこにあるか	どのように生徒が学習しているか	どのように生徒が成果をあげているか
誤りや失敗はどうとらえられるのか	学習の一部	不安を喚起させるもの
何に関心が向けられているのか	学習のプロセス	他者と比較した場合の自分の成績
努力する理由は何か	新しいことを身につける	良い成績・他者よりも優れた結果
評価の基準はどこにあるのか	絶対的基準・進歩	相対的基準

にすることが指摘されているが、学習を内発的にするためにも、競争による自尊心の低下を防ぐためにも、生産性課題に取り組む児童に学習目標をもたせることが必要である。

第7章 青年期

　青年期は英語では adolescence であるが、その語源は to grow up、身体の成熟であり、思春期はドイツ語の Pubertät の訳語で、その意味は性的成熟である。青年期は元来、身体的成熟と関連している。動物の社会、あるいは人間においても文明が発達していない社会では身体的成熟と共に大人になるが、社会が発展するにつれて大人になるには心理・社会的な成熟が求められるようになり、身体的に成熟しているが心理・社会的にはまだ成熟していない時期＝青年期が生じたのである。

　青年期もほぼ学校制度と合致していて、中学生から大学生がそれに該当していたが、現代社会においては**発達加速現象**によって青年期の開始が早まり、一方社会の複雑化と共に心理・社会的に成熟することがむずかしくなり、**青年期の延長**が言われるようになった。大学を卒業しても心理的に大人になれない者や、就職できず親にパラサイトせざるをえない者も増え、30歳くらいまでは青年期とした方がよいとも言われている。

　急激な身体的変化と共に心理・社会的変化も生じ、青年は変化に見合った新たな自分を形成する課題に直面する。本章では、青年期にどのような変化がおこるのか、それに伴い対人関係や自己のあり方がいかに変化し、いかにして大人になっていくか、大人になるとはどういうことなのかについて論ずる。

1 青年期におこる変化

(1) 生物学的変化

　思春期・青年期は**第二発育急進期**と言われ、「第一発育急進期」と言われる乳幼児期に次いで発育が盛んで、身長等が急激に伸びる時期である（図7-1参照）。そしてそれと前後して性的成熟が進み、第二次性徴が生じる（生まれた時からある男女のちがいを第一次性徴、思春期におこる差異を**第二次性徴**という）。男の子は声変わりしたり髭が生えたりし、精通を迎える。女の子は胸が膨らみ、体つきが丸みを帯び、初潮をむかえる。現代日本では、小学校の高学年になると初潮をむかえる子も多くなっている。

　以上のことは全て身体上の事柄であるが、そのことが身体上の問題にとどまらず、青年の心理に以下のような影響を与える。

　第一に身体的な成熟は青年に「もう大人なのだ」という意識をもたらし、独立意識——もう子どもではないのだからとやかく言われたくない、自分でやり

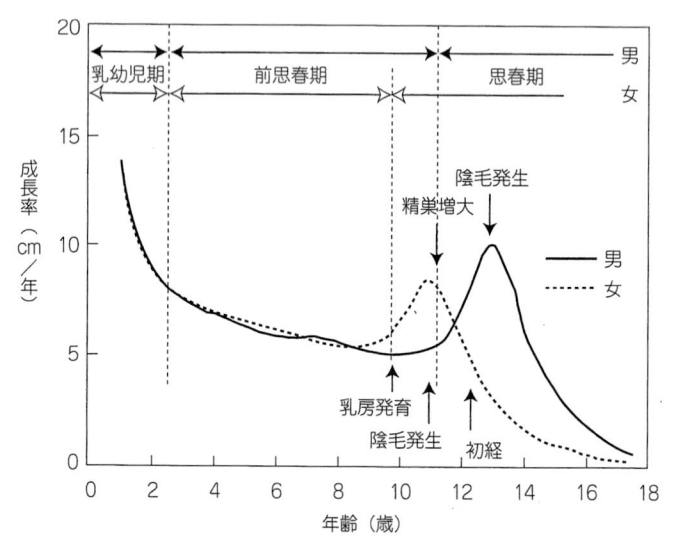

図7-1　発育曲線と思春期の身体変化（堀川, 2001）

たい、親から離れたい —— という意識をもたらす。それまで母親を下から見上げていた子が、母親の身長を抜き、母親を見下ろすようになれば、「もう子どもではない。母親に従属しているわけにはいかない」という気持ちになるだろう。そして他者が青年を見る目も変わってくる。彼らはもう子どもではなく、性の対象として見られる。他者の視線が変わったこと、自分という存在が他者にとってもつ意味が変わったことに彼らはそれとなく気づく。

　第二に、性的成熟という身体的な変化は青年に動揺や不安をもたらす。なぜならば、その変化は今までにあったものでなく、全く初めての経験だからである。身長の増大等と違って性的成熟は未知の変化であり、それまでの安定した自分の地盤がゆらぐ経験と考えられる。自分にとって一番基本的な基盤、よく知っていて自分でコントロールしてきた領域が、わけのわからない変化を遂げている。しかも男子の場合は、性衝動という自分でコントロールできない力に支配される状況に陥り、身体の支配能力を失ったような気持ちになるだろう。

　コラム7-1は脚本『北の国から』での二人の小学5年生の会話である。かれらは雑誌のヌード写真を見て、性的に興奮してしまうのだが、「自分はどうしてしまったのか」という不安と、それが自分だけでないことがわかることでの安堵感がうまく描かれている。

　青年は急激に変化する自分の身体に大きな関心をよせ、そして性的成熟は個人差が大きいため、他人との違いを強く意識させられることになる。他者との違いがあることがさらに身体変化への関心や敏感性を高め、自己の優劣を意識し、自己像や劣等感の問題につながったりする。早熟な者と成熟がおそい者では、男子は早熟な方が適応がよく、女子は反対という傾向が見られる。これは性的成熟の受けとめ方（女子のほうが否定的な者が多い。図7-2参照）と関連すると思われる。身体への関心は、自分への関心をもたらし、また自己像や適応にも影響するといえる。

　第三に身体的変化は秘密意識をもたらす。性に目覚めた青年は、もう児童期のように何でも他者に話すのではなく、人には言わない自分だけの世界をもつようになる。そのことは独立意識や自分の内面への関心にもつながっていく。

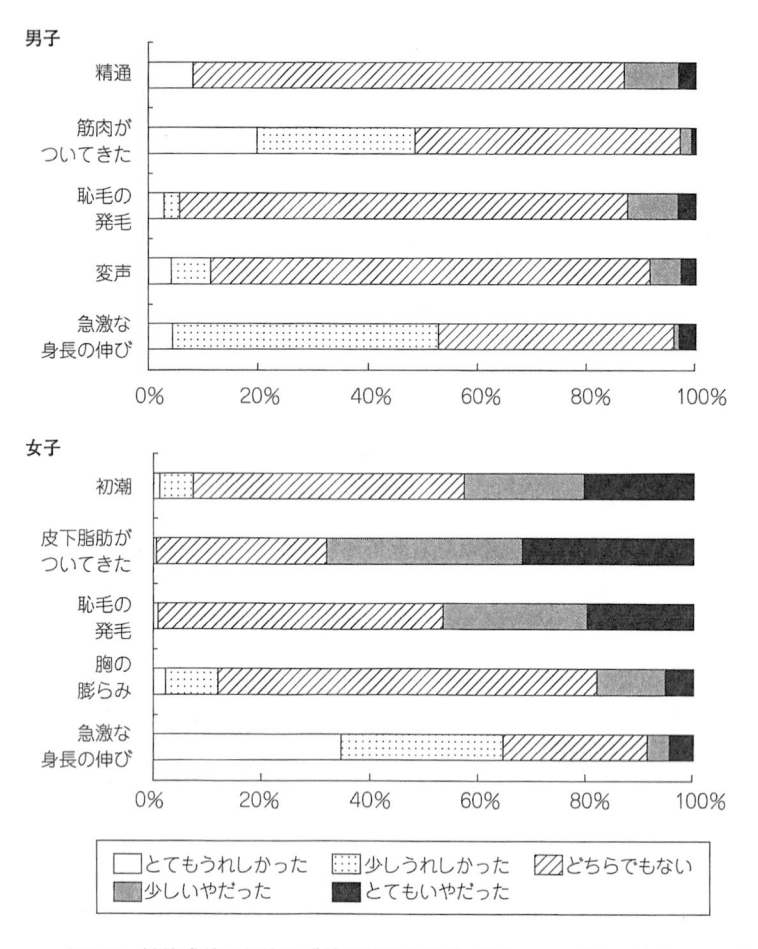

図7-2 性的成熟に対する感情の頻度と割合（上長, 2006; 松島・橋本, 2009 より）

(2) 心理的変化

(a) 自我の発見

　ルソー（Rousseau, J-J.）が『エミール』の中で「第二の誕生」と言ったように、青年期には心の構造が急激に変化する。シュプランガー（Spranger, E.）は

> **コラム 7-1　性の目覚め——『北の国から』**
>
> 正吉「お前 ── こういうの見てムズムズしねえか」
> 　純「するンだよオオ!!」
> 正吉「するべ？」
> 　純「オレ、オチンチンがでっかくなるンだ」
> 正吉「なるッ。それッ。オレも今なってる！」
> 　　　間。
> 正吉「最近朝起きたときもオレそうなるンだ」
> 　純「オレも！」
> 正吉「ア、お前も！」
> 　純「小便するとちぢまるべ？」
> 正吉「そう！」
> 　　　間。
> 　純〔独語ふうに内心の想いを言葉にする〕
> 　　「これは果たしてどういうことだ」
> 正吉「じいちゃんにこの前きいたンだオレ」
> 　純「何ていってた？」
> 正吉「春だからだと」
> 　純「春だから？」
> 正吉「フキノトウがふくらむのと同じ理屈だと」
> 　純「オレのチンチン、フキノトウかよ!!」
>
> 〔倉本聡『北の国から』理論社, 1992.〕

青年期を**自我の発見**の時期とした。青年は自分というものを「他の事物や人から切り離された一つの世界」「島のように離れた独自の世界」として見いだすとされる。それまでも自分という意識がないわけではないが、青年期になると「自分」を特別なものとして意識し（自我の目覚め）、自分自身のあり方に目を向けるようになるのである。

　自分は独自な存在で、自他の間には深い溝があって自分のことを本当にわかってもらうことはできない、自分はただ一人という自覚は、孤独感をもたらす。青年は陽気に騒いでいても、結局自分は一人なのだという気持ちもあわせもっ

ている。そして自己像の探究に熱中する。自分はどういう性格で、何ができ、何が不得手か、人からどう見られているのか……。しかしまだ確固たる自分をもっていない青年は、自分が不確かなことに不安を感じ、動揺する。自己像が不安定であると、ちょっとしたことで優越感をもって人を軽蔑したり、反対に劣等感をもったり、気持ちは大きく揺らぐことになる。また「理想の自己」を描くことができるようになることも、それと「現実の自分」とのギャップを感じさせ、劣等感や自己嫌悪をもつことにつながる。コラム7-2は自我の目覚めや青年期的な不安定な自己像が描かれている文学作品の一部である。

　青年は自己像の探究に熱中するあまり自意識過剰となり、また自己像は他者の態度や他者からの評価に基づいているため、他者を過剰に意識し、傷つきやすくなる。青年期は羞恥心をもちやすい時期だが、羞恥心とは模索しつつある自分が無防備に人前にさらされて対象化されることへの恐れであり、自分をつかんでいない者がもちやすいのである。一方まだ自分が不確かであることから、虚勢を張ったり、自己顕示的な行動も取られやすい。かっこよさや自分の力を誇示することで（たとえば奇抜なファッションを、しかも仲間と共にする）、確かな自分があるかのように思おうとしているのである。

　自我の発見──独自の自分への気づき──は、自分の内的世界の形成を促し、青年は自分なりの世界観や人生観をもつようになり、また日記を書いて自分と対話をしたり、自己分析をする者も出てくる。

コラム　コラム7-2　思春期の心理
── 石川啄木・『アンネの日記』『愛を読むひと』

「己が名を　ほのかに呼びて　涙せし　十四の春に　かへる術なし」
「不来方の　お城の草に　寝ころびて　空に吸はれし　十五の心」
〔石川啄木『一握の砂』東雲堂、1910/新潮文庫、1952.〕

　自我を発見し、自分の名前を口にして涙している14歳。そして自我のめざめに伴う少年の心の高揚と不安定感。自分の前に大きく広がる未来への憧れと、一方で自分がそこに吸いこまれてしまいそうな不安を感じている思春期の心理が読み取れる（ただし、つらいことが積み重なっていく20代に回想して歌われたものだが）。

「私は14歳になったばかりの時、自分について考え始め、自分も一個の人間だということを知るようになりました。夜寝ている時、胸に手をあてて心臓の律動的な鼓動を感じ、じっと耳を傾けたい衝動に駆られることがしばしばあります。」(1944年1月6日)
　「私が日記をつけはじめるのは、本当のお友達が私にはいないからです。13歳の女の子がこの世で全くひとりぼっちのように感じている、事実ひとりぼっちだと言っても信じてくれる人はいないでしょう。私には愛する両親と16歳の姉がいます。友達と呼べる人を30人も知っています。大勢の男の子の友達がいます。でもただふざけたり、冗談を言い合ったりするだけのことです。身のまわりの共通のこと以外話す気になれません。」(1942年6月20日)
〔アンネ・フランク『アンネの日記』皆藤幸蔵訳, 文藝春秋, 1947/1984.〕

「自分」を特別なものとして意識し、そのあり方に目を向けている思春期の心理や孤独感が窺える。第2次大戦下、ナチスの目を逃れて隠れ家で過ごすという特殊な状況に置かれていても、思春期の心理は変わらない。

　「若い頃の僕は、いつも自信過剰か、自信がなさすぎるかのどちらかだった。自分が全くのダメ人間で、貧相で価値のない奴に思えてくるか、あるいは、何をやっても成功し、これからもあらゆる点でうまくいくような気がするか。確信をもっている時には、非常な困難も乗り越えることができた。しかしちょっとした破綻が起これば、それは僕に自分の無価値さを納得させるに十分だった。」
〔シュリンク『朗読者』松永美穂訳, 新潮社, 1995/2000.〕

15歳の少年と36歳の女性の短い恋と、その後の思いがけない再会。ドイツの戦争犯罪をめぐる話なのだが、思春期の心理の描写がみずみずしい。スティーブン・ダルドリー監督により『愛を読むひと』の題で映画化された(2008年)。

第7章　青年期　105

(b) 知的能力の発達

青年期は、ピアジェの認知発達段階では最高段階（第4段階）の**形式的操作期**である。児童期の具体的操作期とちがって、現在の具体的状況や内容を離れて形式論理的に考えることが可能になる。鶴と亀の足のような具体物を使わなくても、x や y という形式的な記号を使って方程式で解けるのである。形式的操作で可能になる思考法に**仮説演繹的思考**がある。「仮説演繹的思考」は現実を離れて仮説を作り、現実が仮説に合っているかどうかを組織的に調べるやり方で、科学の基本である。実際がどうかではなく、全ての組み合わせを組織的に検討する（図7-3参照）。現実もさまざまな組み合わせ＝可能性の一つであり、現実以外のあり方、非実際的な未来や理想も考慮できるようになる。

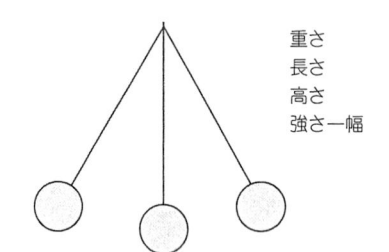

重さ
長さ
高さ
強さ―幅

何が振り子の振動数を決める要因かに対して、具体的操作期の者は「重さ」と思えば、重さを変え、「長さ」と思えば長さを変える。形式的操作期の者は考えうる要因をすべてあげ、他の要因は一定にして、一つの要因だけ変え、組織的に調べるという方法をとる。

図7-3　振り子の振動数

そのことが批判的思考を可能にする。批判は現実とは異なる理想を考えられるから生じるのであり、理想の自分・親・社会を思い描けることが、自己批判や親への批判、社会に対する批判をもたらす。また具体的状況や内容を離れ抽象的なことを考えられるため、青年の知的世界は広がり、自分なりの価値観や理想、人生観をもつことに志向し、過去や未来のとらえ方（**時間的展望**）もより分化し拡大する。幼児・児童であってもそれなりの過去や漠然とした未来はあるが、明確なものではないし、現在との関連も少ないが、青年期になると過去が現在を規定し、現在のあり方が未来を規定し、そして未来が現在を規定することが意識化され、未来への展望の中で現在を生きるようになる（図7-4参照）。

知能テストにおいても、青年の遂行レベルは高い。スピードを要する動作性課題では最高レベルに達し、その後成人期では下降することが示されている。

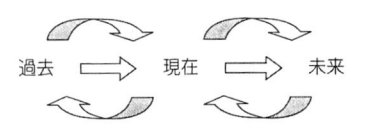

図7-4　時間的展望の分化と拡大

判断力や論理的思考を含む言語性知能に関しては成人期まで成績は向上するが、全体的に青年期は知的作業に優れた時期といえる（ただし図7-5は横断的研究のデータであり、縦断的にデータを取ると、成人期・老年期での成績の下降はそれほど著しくはない。8章参照）。

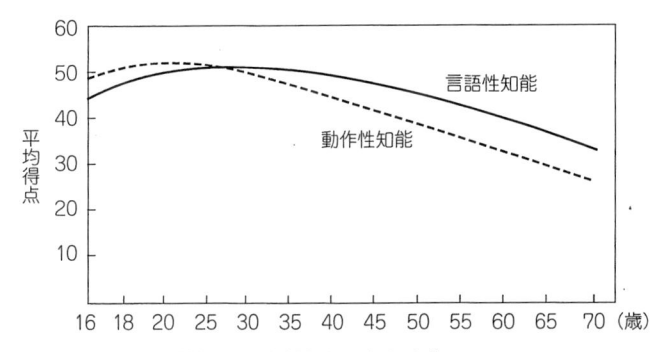

図7-5　WAISにおける言語性知能・動作性知能の加齢変化（Wechsler, 1972; 西村, 1994より）

また青年期には「メタ認知」が発達し、自分の認知や思考過程を自分で振り返り、自分でチェックしたりするモニタリングの力が増大する。このことは自分で主体的に学習することを可能にするし、次の2節で述べる自我同一性の達成＝自我の主体的形成を可能にするといえる。

(3) 社会的変化

上記のような発達的変化に伴い、青年の置かれる社会的地位や社会における役割も大きく変化する。青年期とは「もう子どもではないが、まだ大人とは認められない時期」であり、子どもから大人への移行期・過渡期である。どちらの社会集団にも所属していない中途半端な時期である。社会的位置が不確かなため、期待されることや要請されることも、その時々で異なり、ある時は「も

う子どもではないのだからやりなさい」と言われ、ある時は「まだ大人ではないのだからやってはいけない」と言われてしまう。社会的な規定もさまざまで、結婚可能の年齢、運転免許、選挙権の年齢等、大人とみなされる年齢はまちまちである。現代社会では、以前と比べれば「大人ではないからだめだ」と言われる場面は減っていると思われるが、社会的地位の不明確さは時にストレスフルであることが予想できる。

　集団所属が不明確で、どちらの集団からも所属を認められていない人、あるいは集団の周辺に位置する人を**マージナル・マン**（marginal man；境界人・周辺人）と呼ぶが、そのような状況に置かれている者は情緒的に不安定で、過激な行動をとりやすいことが指摘されている。青年が置かれている地位もマージナル・マンと似ていて、そのことが青年期の情緒的な不安定さや、過激な行動のとりやすさをもたらすと考えられている。まだ大人として認められていないため経験は少ないし、大人の社会についてもよくわかっていないため、大人から見れば極端で危なっかしい行動になってしまう場合もあると思われる。

　ただし現代のような高度情報化社会・消費社会においては、子どもであっても情報を得られるし消費も可能で、大人と子どもの境界が不鮮明になって、境界人的要素は減っている。青年は大人と同等の力をもつように感じ、時には大人以上の力があると感じて、現実以上の一人前意識をもっている者もいるように思われる（部分的にそうであっても大人がそれを認めているわけではないが）。そのような社会の変化によってマージナル・マン的な過激な行動をとる青年が

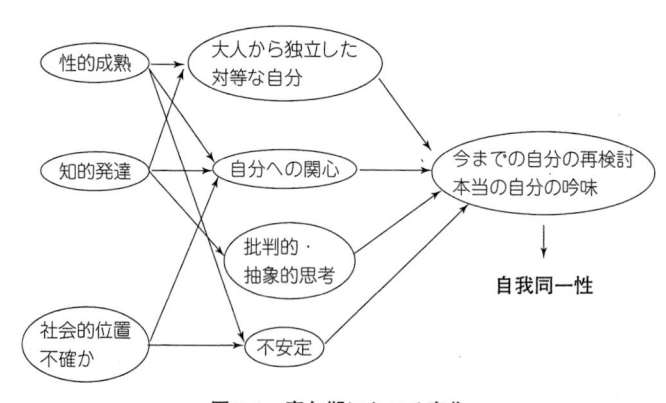

図7-6　青年期におこる変化

減り、落ち着いたクールな青年が多くなっているように思われる。

図7-6は、以上の3つの変化が何をもたらすかをまとめたものである。それらが青年期の心理的特徴をもたらし、そして次節で述べる青年期の最大の発達課題である自我同一性の問題につながることが示されている。

2 自我同一性をめぐる葛藤と発達課題

(1) 青年期危機

1節でも述べたように、青年期になると自分についての意識が大きく変わり、他とはっきり区別され、かつ一貫性をもつ自分という強い意識がもたれるようになる。それ以前も「僕は男の子」「私はいい子」というような自己意識はあったが、自分についての意識は断片的で、さまざまな状況を超えて一貫した自分という強い意識ではなかった。さまざまな特性を身につけている自分に対して意識を向けた青年は、その中のどれが本当の自分なのかわからないという思いをもつ。われわれが身につけている特性は、育ちの中で与えられたり（たとえば女性であること、〜家の娘であること）、まわりの人への同一化（identification. たとえば看護師である母親、スポーツが好きな父親、音楽に没頭している兄等への無意識的な同一化）によって取り入れているものであり、自ら選択したものではないことに青年は気づく。本当の自分を吟味しようとすると、自分のものの見方や考え方が他者の借り物にすぎず、つきつめていくと「これこそ自分」といえるものが何も残らないことに気づくのである。「自分」と思っていたものが、実は親が敷いたレールに乗っているだけで、自分自身で作りあげたものでないこと、「自分」の中身はからっぽであることに気づく。自分不在の自分のあり方に気づくのが青年期の危機であるとするのが、エリクソンの青年期理論である。

(2) 同一性達成とモラトリアム

青年は危機に直面しながら本当の自分を模索し、与えられた自分を自分とし

て認めていいか検討し、本当の自分、自分にぴったりの生き方を見つけること（＝同一化の過程の再編成）を課されているのである。エリクソンによると自我同一性（ego identity：アイデンティティという訳語もしばしば使われる）の感覚＝「これこそ自分」という確信をもつためには以下のことが必要とされる。

(1) 独自性の感覚 ── 自分は他人とは異なった独自の存在であるという感覚
(2) 同一性と連続性 ── 生育史から一貫した自分らしさの感覚がもてる。自分はずっと同一の存在であるという意識
(3) 主体的・能動的な選択 ── 自ら選び取った、納得できる自分であること（児童期までの自分は育ちによって作られたものであり、自分で選んでいない）
(4) 社会の中に位置づき、社会・他者が認める方向に自分を定義づける。エリクソンによると、社会・他者の中に位置づき、定義づけられることによって初めて青年は確かな自分の感覚を得るとされる

この４つが満たされることは、「自分らしさ」（過去からの自分）と「生きていきたい自分」（未来の自分）と「他者・社会から期待される自分」が、現在の自分に統合されることであるといえる。

表7-1は自我同一性感覚を測定する尺度である。読者の自我同一性感覚の程度はいかがであろうか。

そのような自分を見つけること、自分の生き方を決めることが「**自我同一性の達成**」であり、青年期の発達課題である。自我同一性は、多くの場合職業を選択し就職すること、時に配偶者を決めることにより達成される。現代社会にあってはそのような自己決定はむずかしくなっているため、社会は青年に対して大人になるため、自分の生き方を決めるための猶予期間を与えている。その猶予期間をエリクソンは経済学の用語を借りて「**心理・社会的モラトリアム**」とした。社会における義務や役割を免除し、自由に自分を模索する期間を与えたのである。その間に青年は役割実験や社会的遊びを行う。試みに色々な役割を取り、色々な人に同一化し、いつでも降りられる「遊び」としてさまざまなことをやってみて（社会人ごっこ、結婚ごっこ、革命ごっこ……）、さまざま

表7-1　自我同一性感覚の尺度（谷, 2001）

〔自己斉一性・連続性〕
過去において自分をなくしてしまったように感じる。＊
過去に自分自身を置き去りにしてきたような気がする。＊
いつのまにか自分が自分でなくなってしまったような気がする。＊
今のままでは次第に自分を失っていってしまうような気がする。＊
「自分がない」と感じることがある。＊

〔対自的同一性〕
自分が望んでいることがはっきりしている。
自分がどうなりたいのかはっきりしている。
自分のするべきことがはっきりしている。
自分が何をしたいのかよくわからないと感じるときがある。＊
自分が何を望んでいるのかわからなくなることがある。＊

〔対他的同一性〕
自分のまわりの人々は、本当の私をわかっていないと思う。＊
自分は周囲の人々によく理解されていると感じる。
人に見られている自分と本当の自分は一致しないと感じる。＊
本当の自分は人には理解されないだろう。＊
人前での自分は、本当の自分ではないような気がする。＊

〔心理社会的同一性〕
現実の社会の中で、自分らしい生き方ができると思う。
現実の社会の中で、自分らしい生活が送れる自信がある。
現実の社会の中で自分の可能性を十分に実現できると思う。
自分らしく生きてゆくことは、現実の社会の中では難しいだろうと思う。＊
自分の本当の能力を生かせる場所が社会にはないような気がする。＊

＊は逆転項目

自己斉一性・連続性：自己の不変性および時間的連続性の感覚
対自的同一性：自己についての明確さの感覚
対他的同一性：本当の自分と他者から見られているであろう自分が一致するという感覚
心理社会的同一性：社会の中で定義された自我へと発達しつつあるという感覚。

採点方法 「非常にあてはまる」から「全くあてはまらない」を7点から1点として（逆転項目は1点から7点とする）、5項目ずつの得点を合計し、全体の得点も算出する。

大学生390名の平均値は次のようである。

	自己斉一性・連続性	対自的同一性	対他的同一性	心理社会的同一性	全体
平均値 (標準偏差)	24.4 (6.8)	19.8 (6.7)	19.6 (5.4)	21.4 (5.1)	85.3 (18.0)

な可能性を演じながら、自分にぴったりの生き方を探すのがモラトリアムの意味である。そして自分の生き方を決め、安易におりたりせず、その自分に賭けて生きていくこと、これが同一性達成であり、大人になることの意味である。

(3) 同一性拡散への対処

一方、自分を模索しても、自分が何者なのかわからない、社会にどう位置づいたらいいかわからない状態が青年期のネガティブなあり方＝**同一性拡散**である。青年は同一性拡散という危機に直面するが、それが引き続いてしまい、自分を見失っている状態である。ある大学生は次のように述べている。「今までレールに乗っていたことに気づいたから、レールを降りてみようと思って降りた瞬間に、大草原にポツンといる感じで、どちらへ行ったらいいかわからず、ぐるぐるまわるだけ。何を拠り所にして、何をもって何を信じて生きていったらいいのかが全部崩れている。今まで生きてきた価値観が全部崩れている段階なんだよ」（大倉, 2002 を一部改変）。

村上春樹は同一性拡散の青年を巧みに描き広く読まれている作家であるが、コラム 7-3 にその例をあげた。

自分がないという感覚、同一性拡散状態に耐えて青年は模索を続けるが、その不安が強まると、**否定的同一性**を選んでしまう青年もいる。否定的同一性とは社会に肯定的に位置づくのではなく、否定的に位置づくあり方であり、「否定すべき存在」としての自分を引き受けることである。他者も社会も自分らしさを認めてくれない、自分の場所はないと結論づけた青年は、悪としての自分、犯罪者としての自分を主体的に選ぶのである。コンテストに入賞できず建築家としての未来を否定されたと思いつめ、建設ではなく破壊に突き進んだヒットラー、自分らしさを誰からも認めてもらえず「透明な存在」と感じていた酒鬼薔薇少年、誰からも認めてもらえず、誰も自分に応じてくれない、「ネットでさえ自分を無視する」と自分の居場所のなさから無差別殺人を行ってしまった秋葉原事件の被告……と、否定的同一性の事例は数多い。（コラム 7-4 にあげた映画では、肯定的に社会に位置づく見通しをもてず、その不安から模索することをやめて否定的な自分を選び取ってしまう青年たちが描かれている。）

同一性拡散状態が続行してしまうと、同一性拡散症候群という病理的なもの

コラム 7-3　同一性拡散 ── 村上春樹の小説

　村上春樹の初期・中期の小説には**同一性拡散**の青年の心理が巧みに描かれている。『ダンス・ダンス・ダンス』の主人公は「体がステップを覚えているからダンスのステップを踏み続けているだけ」で「まともな定職もなく、社会的には完全なゼロ」と語る34歳。社会の中に位置づき、定義づけることができていない「青年」である。

　主人公の恋人は言う。「ねえ、私はとても平凡でありきたりの人間なの。人と変わっているのは名前だけ。後は何もないの。ただこうやってホテルのカウンターで毎日毎日働いて人生を無駄にすり減らしていくだけ。働くこと自体は好きよ。でもね、時々ホテルに呑み込まれちゃうような気がすることがあるの。そういう時、私って一体何だろうと思うの。私なんてないも同じだわ。ホテルはちゃんとそこにあるの。でも私はそこにないの。私には私が見えないの。私は失われているの。」（下線部分は自分に独自性を感じられない故の拡散状態の語りといえる。）

　友人の五反田くんは、素晴らしい容姿で頭もよい人気俳優。誰もが羨むような「絵に描いたみたいな」生活を送っているのだが、「自分自身の生活にうんざりしている。着せかえ人形と同じだ」と言い、その理由を主人公との会話で次のように語っている。「幸運だったことは認めるよ。でも考えてみたら、僕は何も選んでいないような気がする。そして夜中にふと目覚めてそう思うと、僕はたまらなく怖くなるんだ。僕という存在は一体どこにあるんだろうって。僕という実体はどこにあるんだろう？　僕は次々に回ってくる役回りをただただ不足なく演じていただけじゃないかっていう気がする。僕は主体的に何ひとつ選択していない。」

　下線にあるように彼は自分を主体的に選んでいないため、「自我同一性感覚」を感じられず、実は恋人を殺してしまっている……。

〔村上春樹『ダンス・ダンス・ダンス』講談社文庫, 1991.〕

になっていく。勉学に対して無気力になり留年を続ける大学生（無気力学生：student apathy）はその例である。主体的に自分を選ぶということができなくなり、あらゆる選択を回避して何もせず、「自分とは何か」の問いにとらわれ

> **コラム 7-4　同一性拡散から否定的同一性へ ——『青い春』**
>
> 　映画『青い春』は、荒れた高校生の物語である（原作は松本大洋の短編漫画）。屋上の手すりから手を離して何回手をたたけるかで番長が決められる。静かでクールな九條が最多になる。その九條を慕う青木。
> 　めちゃくちゃな日々を過ごす彼らは、自分が何者かになれるのか、未来はあるのかという漠然とした不安感をもっている。今のままでいいとは思っていないのだが、鬱屈とした日々を過ごす彼らは、やがてマイナス方向に行ってしまう。
> 　甲子園出場がかなわなかった木村は、未来が閉ざされたと思ってしまう。なりたいものになれないと思った彼は、ヤクザに誘われてヤクザという否定的同一性を選ぶ。親の期待を担っていたが期待に応じられそうもないと思った雪男は、なりたいものはない（＝なれそうなものはない）と面接でつぶやき、突然友人を刺してしまう。ちょっとしたことから大切な友人（九條）から拒絶された青木は、彼に振り返ってほしい思いから虚勢をはり、九條を上回る回数に挑戦して、屋上から墜落死する。自分をつかめない拡散状態に耐えられず行動化してしまう青年たちの姿が痛々しい。九條だけが、自分をつかめない拡散状態に耐える。
>
> 〔豊田利晃監督『青い春』2002.〕

て堂々めぐりをくり返すのである。

(4) 自我同一性地位

　青年期の発達課題は同一性達成対同一性拡散であるが、マーシャ（Marcia, E.）は自我同一性のあり方を4つの型に分けて**自我同一性地位**とした。自我同一性地位は、(1) 同一性の危機を経験したか（自分のあり方を問い直し、自分の可能性について模索したか）、(2) 自分を賭けるものをもち確かな自分を感じているか（コミットするものをもっているか）の2つの観点から分類される。**同一性達成**と**同一性拡散**の他に模索の最中である**モラトリアム**と、危機を経験することなく自分を決めてしまう「早期完了」がある。表7-2は職業に関する4つの型の定義と、それらに該当するあり方を示す文章である。あなたはどれに該当するだろうか。

表 7-2　自我同一性地位 （中西他，1985）

職業

1. 私には、将来つきたいと思っている職業があります。以前に、私は自分の好みや適性をもとにして、いくつかの職業を考えてみました。そしてさらに、私自身の能力や親の希望、社会からの要請も考えたうえでひとつの職業を自分で選びました。現在はその職業につくために努力しています。今のところ、それを変えるつもりはありません。

2. 私は将来の職業をいくつか考えていますが、まだひとつにしぼっているわけではありません。だから、その中から自分にふさわしい職業を選ぼうと思っています。そのために自分の能力とか社会からの要請、あるいは両親の希望なども考えに入れなければならないと思います。とにかく積極的に自分にふさわしい職業をみいだせるよう努力しようと思っています。

3. 私はもう将来の職業を決めています。とくに考えぬいてこの職業を選んだわけではありません。小さいころからなりたいと思っていた職業だからです。両親も私がその職業につくことをすすめてくれるし、励ましてもくれます。もちろん、私は将来その志望を変えるつもりはありません。

4. 私はまだ将来の職業について考えていないし、職業自体にあまり関心をもっていません。ばくぜんと「いいなあ」と思っている職業はありますが、その職業のことについてよく知りません。たとえば仕事の内容とか、その職業につくのに必要なことなどはまだ考えたことがないのです。だからもっと良いと思う職業がみつかれば、今考えているものにこだわるつもりはありません。

（1：同一性達成　2：モラトリアム　3：早期完了　4：同一性拡散）

（5）現代社会と同一性達成

　現代社会では多くの青年が長いモラトリアムを与えられて自由に自分を模索できるが、社会が複雑化して、自分の可能性を見極めることがむずかしくなり、また価値観の多様化、社会の著しい変化により未来や理想も描きにくく、エリクソンの言う同一性達成は大変むずかしくなっている。そして個性の尊重、自分らしさを求める風潮とも相まって、いつまでも自分探しを続ける若者が増え、自分にぴったりな生き方を求めて社会に位置づかないままでいる者も多くなっている。

　若年層の雇用に関する最近の特徴として、(1) 非正規雇用（フリーター）が多い、(2) 無業者が多い、(3) 短期の就労でやめてしまう者が多いことが指摘

されている。フリーターにはやりたい職業がみつかるまでの「モラトリアム型」、正規雇用を希望しているが叶わない「やむをえず型」、明確な目標をもち生活の糧を得るための「夢追求型」があるとされているが、「モラトリアム型」と「夢追求型」は大人になるのを先延ばしにしているタイプであるし、(3)の就労をやめる若者の中にも「自分探し」の心理がある者もいると考えられる。

　一方そのような現代の雇用の問題は、不況による雇用状況や職場環境の変化も関連している。近年ニートやワーキング・プアの問題が社会問題化している。ニートは Not in Education, Employment or Training の頭文字をとった教育・雇用・職業訓練に参加していない 16 ～ 18 歳の若者を指すイギリス生まれの言葉だが、日本では 15 歳から 34 歳の未婚者で雇用にも学業にも従事していない者を指し、総務省統計局によれば 2009 年には 63 万人が該当している。無業者のうち、仕事を探している求職型以外の、就業希望を表明しながら求職活動をしていない非求職型、就業希望を表明していない非希望型がニートとされるが、彼らが就職しようとしないのは意欲がないという心理的な問題だけでなく、不況による就職のむずかしさや職場環境の変化に伴う問題等が関与していると考えられる。社会の中に位置づくことにより自我同一性を達成し大人になるということが、発達心理学的な問題としてだけでなく、社会・経済的要因によって困難になってきているといえる。

　なお、青年期に生き方・仕事を決め、同一性を達成した者も、その後も問い直しや再吟味を繰り返すことが指摘され、自我同一性の問題は青年期に限らず生涯続く課題であると考えられるようになっている。

3　青年期の対人関係

　2 節で、青年は変化に見合った自分を再構成することを述べたが、対人関係においても、変化に見合った関係を作ることが課せられている。自分を主体的に選び取るのと同様、対人関係においても与えられた関係ではなく、自ら選んだ者との間に親密な関係を作ることや、与えられた関係を作り直すこと、自立した主体的な存在としてのかかわりをもつことが課せられる。

(1) 親との関係

(a) 依存と独立の欲求

青年期の発達課題の一つは**心理的離乳**であり、それまでの親に依存していた状態から自立・自律することが求められる。親からの自立は動物でも見られるが（巣立ち）、人間の場合は他の動物とは違って絆を切ってしまうのではなく、関係を作り直し再体制化すること、巣を見直すことが「自立」なのである。

1節で述べたような生物・心理・社会的変化により、青年はもう一人前という自尊心をもつし、性的成熟に伴ってそれまでのような親との親密な一体感はなくなり、親と距離をおきたい、自立したいという欲求をもつ。児童期には何でも親に話し相談していたが、青年期になると親よりも友人がその対象に選ばれるようになる（表7-3参照。ただし母親も相談相手として選ばれており、特に近年その傾向が強まっていることが指摘されている）。

青年は親から自立したいと思う一方、経済的・社会的には依然として依存し保護してもらっており、保護や援助を求める気持ちももっている。つまり青年は親に対して依存と独立の両方の気持ちをもつアンヴィバレントな状況にある。青年の反抗的態度は、親から離れたいしでも依存もしていたいという気持ちから生じ、またアンヴィバレントであるために過度に独立的であろうとしたりする。そして親も子どもが離れていくことに対してアンビヴァレントな気持ちをもつ。自立してほしいが、いつまでもそばにいて依存してほしい気持ちが「**子離れへの抵抗**」となり、青年の自立行動に対する過剰な反応や、過度な干渉をもたらしたりする。コラム7-5にあげた小説には母親の子離れへの抵抗が描かれている。母子のつながりが強い日本では母親の「子離れへの抵抗」が強い場

表7-3 悩みや心配ごとの相談相手（%）(福岡市こども未来局, 2010)

	父親	母親	兄弟姉妹	友人	先生	誰にも相談しない
中学生男子	23.6	41.9	6.9	46.4	9.3	21.8
中学生女子	10.5	48.6	15.5	71.2	6.9	9.8
高校生男子	15.0	31.0	8.8	58.1	7.8	22.0
高校生女子	8.1	46.1	13.9	71.7	9.7	13.6

> **コラム 7-5　子離れできない母 ――『海辺の光景』**
>
> をさなくて罪を知らず
> むづかりては手にゆられし、むかし忘れしか。
> 春は軒の雨、秋は庭の露、
> 母は泪かわくまなく祈ると知らずや
>
> 〔安岡章太郎『海辺の光景』講談社, 1959／新潮文庫, 1965.〕
>
> 主人公の母親は認知症（？）になり他の記憶は一切失っているのだが、この歌をいつも歌っている。大人になって自分の元を去って行った息子を責めるように、いつまでも離れていってほしくなかったという思いを吐露するように、長い歌詞の最後まで歌い続ける。離れていこうとする子どもに罪悪感を感じさせ、子供を離すまいとする母親の姿。

合もあり、母親の呪縛が大きければ青年の依存欲求も自立欲求も強くなり、葛藤が大きくなると思われる（家庭内暴力に陥る青年たちの家族は、母子密着で父親の影が薄いケースが多く、子どもを離そうとしない母親から離れようとしつつ離れられないという葛藤が見られることが多い）。

　乳幼児期の親からの自立の過程（マーラーの分離・個体化。図4-3参照）と似ているという意味で、青年期は第二の分離・個体化の時期とも言われるが、乳幼児が親を安全基地として戻ってきてまた外に出て行くその過程に親が情緒的にうまく応じるように、青年の自立や反抗の行動を（「危なっかしい」と感じても）親が冷静に見守り対処することが必要である。幼児期の母子分離に無理があったりすると、その問題が青年期に顕在化することもしばしばある。

(b) 親の認知

　親の認知に関しては、児童期までの絶対的肯定・全面的信頼から、親への批判・嫌悪・反抗へと大きく変わる。知的発達と共に、また多くのことを知る中で自分の親のあり方を客観的にみる力や考える判断力がつき、否定的な面が目につくようになる。それまで全面的に信頼し関係が深かったため、否定面に気づくとそれがクローズアップされて感じられ、また自分の否定面を親に投影し

て激しく批判したりする。特に女子青年の中には父親と口をきかなかったり、嫌悪感をもったりする者もいることが指摘されている。親も青年の変化を十分に理解せずそれまで通り干渉したりすると、さらに否定的な認知が強まったりする。

　思春期は**第二反抗期**とされ、親との葛藤が高まる時期であるが、青年期後期になると、親に問題や欠点があることを認めながら、親として尊敬し感謝の気持ちをもつ等、新しい目で親を肯定できるようになっていく。親を一人の人間として理解し、**親子関係を再構成**するのである。大学に入学し、家を離れることで親子関係が再構成される場合も多いようである。

　親子関係の再構成がいつ頃なされるか、スムースになされるかは、それまでの親子関係のあり方や双方の成熟度によって異なると思われる。基本的に親は青年を抑えつけたり、反対に屈服したりせず、冷静に受けとめることが必要である。抑えつければ親子間の葛藤は大きくなるし、親が屈服してしまうと青年は親に不信感をもったり、十分に反抗できなくなってしまう。一方現代のわが国では、親子関係は全体的に良好で、葛藤のない親子が多いことが指摘されている（特に母親と娘は親密で一卵性母娘と言われたりしている）。上で述べたような親子間の強い葛藤を経て再構成に至るとする考え方とは別に、発達に応じて関係を微修正してよい関係のまま成人期に達する者もいることも示されている（表7-4にさまざまなタイプの親子関係を示した）。最近の研究では青年期においても親との良好な関係を保つことの重要性が示され、親との葛藤を青年期の特徴とするとらえ方は古いモデルとする指摘もある（表7-5参照）。

　また「子どもを離さない親」ではなく、子どもに問題が生じると子どもへの関心を失い放任する親も多くなっている。現代の青少年は親から見捨てられることを恐れ、親に気を遣っているとの指摘もあり、リストカット等の問題行動にも、そのような面があるのかもしれない。土井（2008）はかつての青年は自律を望み「私を見ないで」と大人に叫んでいたのに対し、現在は親やその他の他者から「見られていない」ことを恐れ「私を見つめて」と叫んでいると指摘している（その典型として、土井は共に自死した2人の女子青年 —— 全共闘世代の高野悦子（『二十歳の原点』(1971) 新潮社の著者。1969年没）と、死の直前までブログを書いていた南条あや（『卒業式まで死にません』(2000) 新潮社の著者。1999年没）について論じている）。

表7-4 親子関係のタイプ (松島・橋本, 2009)

[**タイプ1**] 小さい頃から「親の言うことに従えば間違いない」と親に言われ続け、反発しても無駄だと思い、口答えや自己主張はせずに育ちました。その後、特に就きたい仕事はなかったので、あまり乗り気ではありませんが、とりあえず父が勧める企業に就職することにしました。

[**タイプ2**] 母は私が少しでも親離れしようとすると、「一生懸命育ててあげたのに、おまえは親の恩を仇で返すのか」と言います。確かに母にはとても世話になったし、親を見捨てることはできません。もちろん、母に反抗などしたことはありません。私が母のそばにいれば母も私をかわいがってくれます。

[**タイプ3**] 私は今まで親に反抗する必要を感じたことがありません。中高生の頃は、親は私の要求に対してわが家の規範に合うものならOK、よほど合わないものなら私が納得するように説明をしてNOを出しました。意見が合わなければ、とことん話し合いました。大学生になってからは本当に困ったときにアドバイスしてくれる程度で、それ以外は私が決めたことに口出ししません。

[**タイプ4**] 父親は何でも経験論で私の意見をねじ伏せようとするので、私はそのたびに父に反発し、数日家出したこともありました。しかし、今では、父も私の将来について「責任をもってやれ」というだけで、それ以上口を出したりしません。おかげで私は自由に自分の将来を考えることができます。

[**タイプ5**] 長男である私は、家族からの期待を一身に背負ってきました。しかし、私の成績が下がってくると家族は皆、優秀な妹に目を向け、期待するようになりました。私は複雑な思いで家族を罵ったり、反発したりしました。親は近くのアパートに部屋を借り、そこを私の部屋として与えたため、それ以来何年もの間、親とほとんど口をきかなくなり、ただ何となく毎日を過ごしています。

表7-5 青年—両親関係に関する古いモデルと新しいモデル (Santrock, 2003; 平石, 2010より)

古いモデル	新しいモデル
・親からの分離、自律 ・親と仲間の世界は隔たっている ・青年期を通じて、強くストレスフルな葛藤がある ・親子関係は疾風怒濤に満ちている	・愛着と自律 ・両親は重要なサポートシステムであり愛着の対象である ・青年—両親関係と青年—仲間関係には重要なつながりがある ・適度な親子関係の葛藤が一般的であり、それが肯定的な発達を機能させる ・親子間の葛藤は思春期的発達の頂点でより大きくなる

(2) 友人との関係

　友人関係はまさに「与えられた関係でなく、自ら選んだ者との間に作られる親密な関係」であり、青年期の対人関係の中心である。サリヴァンは同性同年齢の友人との間に一対一の親友関係を作ることを、前青年期の最大の課題とした。サリヴァンによると児童期の友人は活動を共にする「遊び仲間」であり、ギブ・アンド・テイクの関係、競争・協力・妥協の相手であるのに対し、前青年期の友人は情緒的なつながりが強い親友（**チャム**）であり、お互いの満足・名誉・成功を分かち合う存在になるという。自分だけが大切だった子どもに、自分と同じ位大切に思える他者が登場し、**親密さへの欲求**を向けるようになるのである（コラム6-2参照）。特に中学生女子では、情緒的なつながりが強い友人をもつことへの希求が強いことが指摘されている。

　そのような友人をもつことは、青年にとって大きな意義をもつ。友人は第一に情緒的安定の源となり、心理的不安定さを緩和する。青年には性的成熟による不安定さや、親から心理的に離れることによる寂しさ、親子間の葛藤等さまざまな不安定さがあるが、同じような状況にある友人に不安や悩みを打ち明けることにより不安定さを緩和できる。第二に友人とのかかわりは自分の確認につながる。友人とそれぞれの体験や印象を話し合う中で、自分が思っていることが他者と共有できるものであることに気づいたり、反対に自分の個性であることに気づいたりして、相手の中に映る自分を見ることで自分を確認できるからである。このようなことを可能にするために、友人は表面的な要因ではなく共鳴できる人でなければならず、親友は厳選されることになる（図7-7参照）。

　第三に、青年期の友人は新たな**準拠集団**になる。準拠集団とは判断や行動の基準を提供する集団で、児童期までは大人に準拠していたが、青年期になると仲間の判断や価値観に合わせるようになる。仲間がどう感じ考えるかをものさしにして自分の行動をコントロールし、仲間に自分がどう見えるかに基づいて自己評価がなされたりする。服装や外見も仲間に合わせ、そのことで親密さを確認し、また大人とは異なること、違う価値観を作りあげていることを確認している。

　第四に、親友との関係が愛の原型と基盤になる。お互いの満足を分かち合う

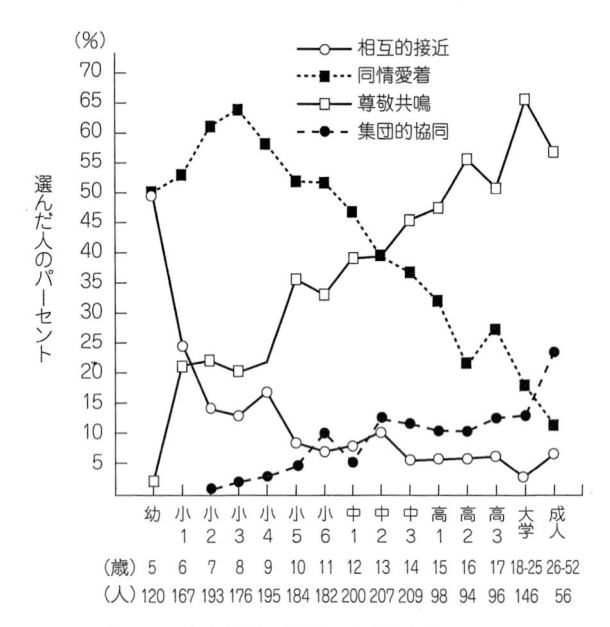

図7-7 友人選択の要因の発達的変化 (田中, 1975)

親友への思い、相手の幸福のために何をなすべきかという形の他者への関心 (たとえば、『スタンド・バイ・ミー』の友情) は「愛」の原型であり、親友に向けられていた「個人的親密さへの要求」は やがて異性に向けられるようになる。

　また青年期には同性・同年齢・一対一の親友とは異なった形での交友関係 ── **ピア** ── も新たにもたれるようになる。男女混合で年齢に幅もあり、互いの理想や価値観、生き方などを話し合い、同質性だけでなく異質な点も話し合って乗り越えていくような関係で、大学生のサークルのような友人関係である。異なった生き方や考え方を理解することにより自分を相対化する契機となり、また大人の社会的関係をもつ準備にもなる。

　以上のように、青年期の友人関係は、青年の人格形成の支柱になり、また大人の社会的関係の準備の意味ももつといえる。一方で親密なつながりも、自由や独自性を基盤にするのでなく、支配－服従的結合になったり、不安定さや孤独から逃避するためだけのつながりや同調になってしまうと、青年の発達を阻むものにもなりうる。

現代の青年は友人をもつことへの希求が強く、一人であることを過度に恐れ、友人関係に過剰に気を遣うことが指摘されている。対立や違和感が顕在化しないように、そして相手から傷つけられることを避け、相手を傷つけないようにと気遣う青年たち（若者言葉はそのような気持ちの表れであると言われている。「っていうか」「～みたいな」「私的には」というように断定しない言い方をすることにより、対立を避けようとしているのである）。関係の破綻を恐れて率直な思いを抑えこんでしまったり、ありのままの自分を見せず、その場の空気を読んで（空気を読めない者は「KY」と言われる）相手に合わせようとする（コラム 7-6）。またメールで頻繁に連絡しあうような友人関係を幅広くもち、何時間もメールに費やし、すぐに返信しないで関係をこわすことを恐れて、食事中も入浴中も携帯を離さない青年たち。誰かと常につながっていないと不安である一方、深い付き合いはあまりしない傾向が指摘されている。ただし友人関係のもち方は、図 7-8 のように青年期の中でも発達的に変化が見られる。

コラム　コラム 7-6　相手にあわせて演技する高校生

　　友が降り電車に一人残されて　　ため息深く演技終了　　高 1
　　親友と遊び疲れた帰り道　夢の話は少し嘘つく　　　　　高 3
　　　　　　　　　　　〔「現代学生百人一首」（第 23 回）東洋大学, 2010.〕

　ありのままの自分を見せず、相手にあわせて演技する高校生。選者の好みもあるかもしれないが、このような思いをもつ青年が多いのも確かだろう。自意識も鋭敏である。（なおベネッセ教育研究開発センターの調査（2010）によると、2004 年と 2009 年では「仲間はずれにされない様、話を合わせる」は、男子においてポイントが上がっている。）

---

(3) 異性との関係

　6 章で述べたように、小学校低学年くらいまでは、同性も異性も共に遊ぶ傾向が見られるが、学年が上がるにつれ性別に遊ぶようになり、やがて性的拮抗がおこって、お互いに反発し悪口を言い合うようになる。これは性的成熟の到

つきあい方	質問例
▲ 防衛的	友達とは本音で話さないほうが無難だ
■ 全方向的	どんな友達とでも仲良しでいたい
○ 自己自信	友達と意見が対立しても、自信を無くさないで話し合える
□ 積極的相互理解	友達とわかり合おうとして傷ついても仕方ない
● 同調	みんなと何でも同じでいたい
△ 被愛願望	みんなから愛されたい

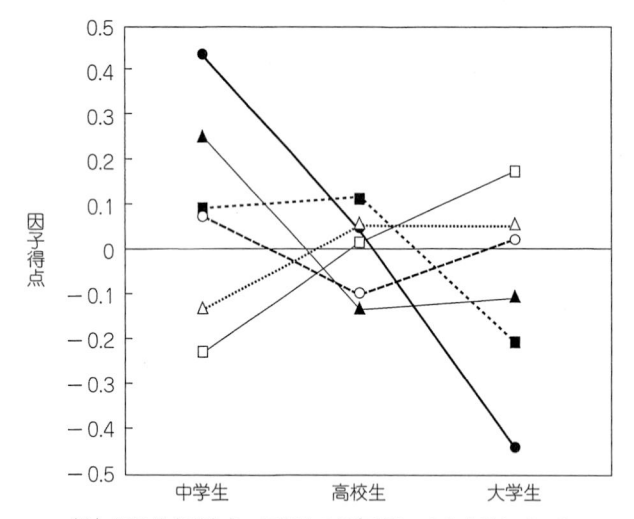

(注)因子得点が大きいほどその傾向が強いことを示している。

図7-8 友だちとのつきあい方の発達的変化 (落合・佐藤, 1996)

来が近いことが背後にあり、ネガティブな形での関心ともいえる。性的成熟がおこる頃には、性的嫌悪というかたちを取るようになることもあり、異性を毛嫌いしたりする。(1)項で述べた女子青年の父親への嫌悪には異性への嫌悪が含まれている。一方で同性の年長者に熱烈な憧れをもって崇拝する時期があり、やがて異性の年長者へとあこがれの対象は移っていく。学校の教師や上級生に憧れ、また歌手やタレントの熱烈なファンになり、おっかけをしたりする。特に小学校高学年から中学生の少女に多く、時に体が痺れたり、失神したりして話題になったりすることがある。そこにはセクシュアルな感情が含まれているが、理想化していて本人はそのことに気づいていないし、熱狂しているだけで具体的につきあうような気持ちは見られない。

それがやがて、身近な同年輩の異性に向けられるようになる。しかしはじめのうちは、表現が未熟で、相手の注意をひこうとしてからかったりバカ騒ぎする者がいたり、「恋に恋する」感じで、対象も変わりやすかったりする。グループで交際し、やがてその中のメンバーと一対一でつきあうようになっていく。
　異性には親友に向けられていた親密さへの欲求を向けると同時に、性的欲求も混在しており、同一の他者に対して心理的欲求と身体的欲求という次元の異なる欲求を向けることになる。その統合はむずかしい課題であり、うまく統合するためには親友との間に親密な関係を作っていることが必要である。時に統合がむずかしく、性的欲求だけを満たしたり、2つの欲求を切り離してしまう場合もある。コラム 7-7 は、恋愛や異性との関係のむずかしさに触れられている滝川（1994）の論考の一部である。

> **コラム 7-7　恋愛のむずかしさ**
>
> 　ある他人(ひと)を好きになってしまうとは、どこまでが自分の主体的な自由な意志の選択なのだろうか？　そもそも、これは能動的な心の動きなのか、受動的な心の動きなのか？　思春期の子どもたちは、自分の心とは自分の心でありながら、自分にとってまったき自由な意志のもとにあるのではないというもどかしい発見とともに〈性愛〉に出会うのである。
> 　しばしば言われるように、思春期には「性衝動」が高まり、この衝動は必ずしも本人の自由なるコントロールの下にはない。ここでも子どもたちは、なにものかに捕らえられている感覚、意のままにならぬ自己の身体性といった問題にぶつかることになるだろう。しかし、思春期の〈性愛〉の体験は、自分がたんに性欲とか性衝動と呼ばれる無名な衝迫によってつき動かされたり制縛される体験ではなく、心の世界、観念の世界の内側で、ある〈他者〉にむかって心が捕らえられてしまう体験に出会うところに本質がひそむように思われる。意のままにならないのは身体ばかりではない、心もまた意のままにはならないと最初に知るのが、思春期である。　　〔滝川, 1994〕

　思春期という時期のむずかしさは、性にめざめ、異性に心惹かれるという新しい二つのことが、どちらも自分の意のままにならないことと関連があるとする論考である。青年は、自分を主体的に作り直そうとしているところな

のに、身体も心も意のままにならないことに気づかされるのである。それは不自由でありつつ魅惑的な経験でもあろう。青年期に出会う恋愛や異性との関係について発達心理学の教科書にはあまりない論考であるが、核心をついているように思われる。

　また恋愛はそれまでの束縛を断ち切る力をもつ。恋愛によって親から離れ、その力でそれまで禁止されていたことに踏み出したりする。図7-9はハントの「シャロットの乙女」の絵画である。大人に従っておとなしく糸を紡いでいたシャロットが、窓の外を通った騎士に恋をした時の激しい変わりようが描かれている。世界は一変し、彼女の心は大きく揺すぶられている。彼女の髪の毛は強く波打ち、自分を縛っていた糸を断ち切ろうとしている（ただし『アーサー王伝説』では彼女は騎士に会うこともなく死んでしまうのだが……）。

図7-9　シャロットの乙女（ハント, 1905; 中野京子『怖い絵2』朝日出版社, 2008 より）

恋愛は青年の生きる世界を大きく変えるきっかけにもなるが、友人関係のところでも述べたようにそのつながりが支配－服従的結合になったり、安定や緊密なつながりを求めるだけのものになってしまうこともある。特に家庭的に恵まれない者が、性的につながることにより安定感や居場所を得ようとし、心理的に十分発達しないまま、10代で結婚・妊娠する傾向が指摘されている。

4　現代青年の問題行動

(1) 少年非行の時代的変遷

　戦後の少年非行には3つのピークがあることが指摘されてきた（図7-10）。戦後の混乱期を生きるために非行をせざるを得なかった「貧しさからの非行」、高度経済成長期になり社会が豊かになっていく中で取り残された者の「うらみと疎外感からの非行」、そして社会全体が豊かになって、「買えないから盗む」

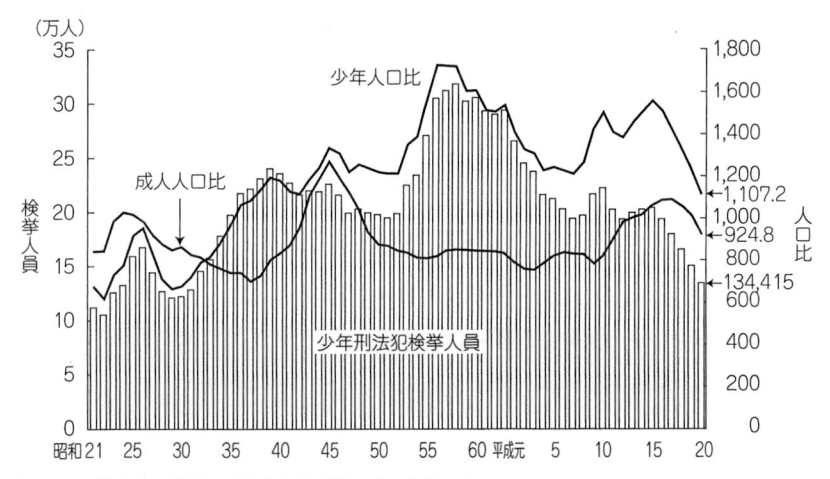

(注)　1　警察庁の統計及び総務省統計局の人口資料による。
　　　2　触法少年の補導人員を含む。
　　　3　昭和45年以降は、自動車運転過失致死傷等による触法少年を除く。
　　　4　「少年人口比」は、10歳以上の少年の刑法犯検挙（補導）人員の人口比であり、「成人人口比」は、成人の刑法犯検挙人員の人口比である。

図7-10　少年による刑法犯　検挙人員・人口比の推移（法務省法務総合研究所, 2009）

というような明確な目的ではなく、憂さ晴らし・ストレス発散を求めての「**遊び型非行**」、と非行のタイプが変わってきた。遊び型非行は、低年齢化・一般化・初発型という特徴も併せ持っており、ごく普通の家庭の子ども（ただし不利な家庭環境にある者の方が多い）が遊び感覚で万引きをしたりすることが指摘された。

いわゆる「わる」ではない子どもたちまでが気軽に反社会的行動をする傾向は現在にまで引き継がれているが、1997年頃からそれまでとは異なったタイプの非行 ── **自己確認型の非行** ── が増えてきている。神戸児童殺傷事件をおこした酒鬼薔薇聖斗による挑戦状の中にある「透明な存在」という言葉が話題となったが、存在感のなさ、生きている実感をもてないことを、犯罪を犯すことで取り戻そうとするものである。

青少年による凶悪犯罪、残虐な犯罪がセンセーショナルにマスコミで取り上げられ、少年犯罪は大きな社会問題になったが、少年犯罪の件数は減っていること（図7-10参照）、殺人事件等の大きな犯罪も以前より減っていることが示されている。ただし少数だが凶悪な犯罪が起こっており、また存在感のなさや居場所のなさから、自分の内部で堂々めぐりをして、その状況の打破のために犯罪を犯すようなケースが増えている。

(2) 非行少年の類型

凶悪な事件を起こした少年とその家族の特徴として、次の3つの類型が提示されている（市村, 2002）。(1) 幼少期から問題行動を頻発していたタイプ、(2) 表面上は問題がみえず、突然事件に至ったように見えるタイプ、(3) 思春期になって大きな挫折を体験したタイプ。この3類型について、彼らが置かれた状況とそこでの育ちや家族の問題について以下にまとめてみる。

(a) 幼少期から問題行動を頻発していたタイプ

幼少期から問題行動を繰り返し、徐々に問題が大きくなり、さらに複数の要因が重なって凶悪な事件に至る。昔から見られた、不利な状況にある故に反社会的になり、悪循環的により悪くなっていく古典的なタイプである。不利な状況としては、(1) 経済的・精神的に問題をかかえた親 ── 貧困生活、借金、DV (domestic violence；ドメスティック・バイオレンス)やアルコール依存、精神障害等、(2)親による虐待的対応 —— 子どもにかかわる余裕や気持ちがない故のネグレクト、ストレス発散、自己中心的欲求満足のための虐待、子どもの理解ができないためのしつけと虐待の混同、(3)愛着関係や信頼関係の欠如等があげられる。

　そのような状況の中で、彼らは以下のような問題を抱えて生きている。親への恐怖と抑圧された攻撃性、否定的自己イメージ、よい人間関係をもてない、道徳性も内面化されていない。問題を抱えているため社会での適応はうまくいかず、否定的なフィードバックを得ることで更なる問題行動へとつながっていく。どこかでその存在を受け止め発達を支援してくれる人に出会わなければ、立ち直ることはむずかしい。コラム 7-8 にその例をあげた。

(b) 表面上は問題がみえず、突然事件に至ったように見える「いきなり型」
　おとなしく目立たず、表面的には適応しているように見えたが、自分の感情を抑えてストレスを貯めていたタイプである。現実の中で満たすことができない気持ちや思いを空想世界で達成したり、それなりの対処をしていたが、対処法が現実的ではない等不適切なため、破綻してキレルことになる

　彼らの育ちや家族の問題は以下のようにまとめられる。親の期待が強く、子どもはそれに合わせざるをえずによい子として振る舞い、自分らしさを発揮できない。情緒的なコミュニケーションが乏しく、子どもは気持ちを理解されたり、存在を受容された感じをもてない。家族も表面的には社会に適応しているが、内的には問題をかかえている場合が多い。

　酒鬼薔薇事件の A 少年は、このタイプと考えられる。巷で言われるほど家族の問題は大きくなく、親のしつけや発達期待も特に歪んだものではなかったが、A 少年のもつ傾向には合わなかったと考えられる。彼は自分の嗜好や気持ち、自分らしさを認めてもらう場をもてず、家族からも友人からも孤立し、存在感を感じられなくなっていった。

(c) 思春期になって大きな挫折を体験した「挫折型」
　児童期まで比較的恵まれた状況にあり学習や運動で活躍していたが、思春期になってそれまでのようにうまくいかなくなる。それを受け入れられず乗り越

> コラム コラム 7-8 『死刑でいいです ── 孤立が生んだ2つの殺人』

　2000年7月、16歳の時に母親を金属バットで殺害し、少年院に送致され、出所後更に第2の殺人を犯した山地悠紀夫について生育史を辿り、少年院での様子や出所後に置かれた状況等を記すドキュメント。彼は死刑の判決を受け、控訴せずに2009年7月、25歳で処刑されている。
　彼は暴力的な父親と息子を可愛がらない母親の元で育つ。幼少期はぼーっと一人でアパートの階段に座っていた記憶しかないという。父親は小5の時死亡、母子で貧困生活を送る。学校でいじめられ学校に行かなくなる。母親は心配していてもそれを言わず、アスペルガー（補章参照）的なところがある人で、浪費癖があり、まともな生活ができない状況が続く。彼が稼いだお金を母親が無断で使ってしまったり、母親に女友達とのことを邪魔された等のいざこざがおこり、母親を殺害する。
　少年院ではアスペルガーと診断され、障害に応じたプログラムで指導がなされる。彼は勉学や技術の習得に励み、問題もおこさず優等生的に過ごす。ただし反省はせず、犯行を悪いと思わない。
　出所するが、保護したり相談にのってくれる人はなく、反社会的組織に所属することとなる。ボスに怒鳴られ飛び出して、「自分には守るものも失うものも、居場所もない。止める人もいない。どうせ落ちてしまうのだから、やりたいことをやってしまおう」と、無関係の姉妹を殺害してしまう。
　不幸な生い立ちと、アスペルガーによる障害が適応をむずかしくし、彼の問題を理解し支援してくれる人がいないため、不適応から立ち直れず、いやなことがあれば短絡的に行動してしまう。少年院では教官、弁護士、精神科医が話をきき、障害に応じた指導も行われたが、出所後はそれもなくなり、あっという間に転落してしまっている。
　〔池谷孝司（編著）『死刑でいいです ── 孤立が生んだ二つの殺人』共同通信社，2009.〕

えることもできず、プライドが傷つき不安定になっていくタイプである。
　家庭に大きな問題はないが、親は少年に期待し、弱い点や悪い点は見ずに過大評価して、甘やかしてきた。子どもは高い自尊心をもち、児童期まではうまくいかないことも少なく、自己中心的なあり方を修正する機会は少ない。思春期になり挫折を経験するが、それまでに挫折の経験がないため適切に対処できず、また親に弱い面を見せることもできない。親は少年の挫折を大変なものとは気づかず、気づいた時はそのことを受け入れられず、支えにならないで非難したりする。そして少年は、自尊心の傷つきがつみ重なっていき、反社会的行動に至ってしまうのである。

第8章 成人期、そして老年期

　かつての発達心理学では、大人は安定していて発達的変化はないと考えられ、幼児や青年の発達だけを対象としていた。しかし、1章で述べた様に、人間は生涯にわたって変化しており、成人や老人も新たな生活状況に直面して、それまでとは異なった生き方をする必要に迫られ、それぞれの時期の危機や葛藤を乗り越えて変化していくことが明らかになってきた。本章では青年期に生き方を決め、社会に位置づいた後、どのような発達課題に直面するのか、何が変わっていくのかについて述べる。

1　初期成人期

　エリクソンは成人期の初期、社会人になる時期から30代前半頃を第6段階とした。この時期は就職や結婚、そして親になるというように、これからの生き方に深くかかわる出来事に向き合う時期である。特に女性にとっては、就職・結婚・出産のそれぞれをどうするかの選択が、これからの生き方を大きく規定することになる。

(1) 結婚 —— 親密性課題

　エリクソンは、初期成人期の発達課題を**親密性 対 孤立**とした。青年期に自我同一性を達成すると、成人は自分の自我同一性を他者のそれと融合させたいと思うようになる。「自分を他人の中に失い発見する」とエリクソンは言っているが、相手に合わせ妥協しながら、なおかつ自我同一性を失わないような関

係を作ることが目指される。他者との間に真の親密さを作ることは、多くの場合結婚によってなされる。別々の環境で生きてきた２人が、日常生活を共有し相互調整しながらかかわり続けるのである。

それまでの親密な関係 —— 友人関係 —— は心理的・人格的つながりであるが、「結婚」は性的結合を含み、さらに生理的レベルの事柄も含む日常生活を共有し、生理的存在としての自分、性的存在としての自分をさらけ出した上でのつながりである。日常生活を共にしありのままの自分をさらけだし、ありのままの相手を受け入れること、そして関係を持続させることを要請される点で、恋人との関係とも異なっている。

そのようなつながりは、親との生活でもたれていたが、親子関係は生物学的な基盤をもつつながりであり、生活や経験を長いこと共有し、また保護－依存の関係の中での共生であったのに対し、結婚は全く別個の人生を生きてきた対等な２人の共生であり、それを維持させるためには多くの相互調整が必要とされる。

(2) 育児 —— 生殖性課題

子どもを産み育てることは、エリクソン理論では第７段階の発達課題（**生殖性**）だが、結婚に引き続き初期成人期にもおこることであり、親密性と共通するところもあるので、初期成人期でものべておく。青年期までは自分のことだけを考え、自分らしさを追求すればよかったが、親密な継続的にかかわる他者をもつことで、相手にあわせつつ自分らしさを発揮することが要請され、またその他者と関係をつづける責任を担うことになる。このことは、上述のように結婚＝親密性の問題であるが、子どもを育てることにおいてより大きな要請となる。特に幼少期の育児では相手にあわせることが関係を作る上で、また発達を促すためにも重要である。３章でも述べたように、子どもとよい関係をつくるためには、母親の敏感性と応答性（子どもの状態・欲求を理解して応じること）が必要であり、さらに子どもに合わせながら子どもを主導し社会化すること（自分に合わせさせること）も求められている。母親はコラム 8-1 のようなさまざまな技法を使って子どもとの関係を築き、子どもを導いているのである。

> **コラム** **コラム 8-1　母子相互作用で使われる技法**
>
> 　シャファー（Schaffer, R.）は、母親が母子相互作用で使っている技法を以下のようにまとめている。
>
> (1) 同調：子どもの活動を見ていて、時機を見て自分の行動を介入させ、子どもの活動に合わせる＝子どもがもつ活動－休止のリズムや合図に合わせて介入し繰り返す
> (2) 適応：子どもに応じて自分の行動を変化させる
> (3) 促す：示唆・援助・場面設定等（子どもに単に合わせるのではない）
> (4) 完成させる：子どもの興味の焦点を確かめ完成させる＝社会的に方向づけられた行動にする。たとえば、子どもがボールを見せると、母親は「くれるのね。ありがとう」と応じ、ボールの受け渡しという行動にしてしまう。
> (5) 先導：子ども主導で母親は子どもとあわせるが、時には母親が子どもの状態を見て先導する。
> (6) 統制：子どもにふさわしいペース、やり方で統制する。
>
> 　母親は子どもの状態を理解して子どもに合わせ、子どもの活動に応答し従いながら、社会的相互作用の中に巻き込み、社会化していく。子ども主導で子どもに合わせるが、それだけでなく2者の出会いを構造化し、時に母親が主導的になって子どもを導くというような高度の技法を母親は駆使しているのである。
>
> 〔シャファー, 1977／矢野他訳, 1979〕

(3) 新たな人間関係 —— 困難性と変化の可能性

　以上のように結婚・育児は、それまでとは異なった人間関係であり、むずかしい課題であるといえる。特に幼少期の育児は肉体的にも重労働であるし、責任も重く、何をしたらいいかどうしたらいいかわからないことも多い大変な課題である。そのためうまくいかずにうつ状態になったり、育児不安に陥る場合もあるし、時にはわが子を虐待するようになることもある。

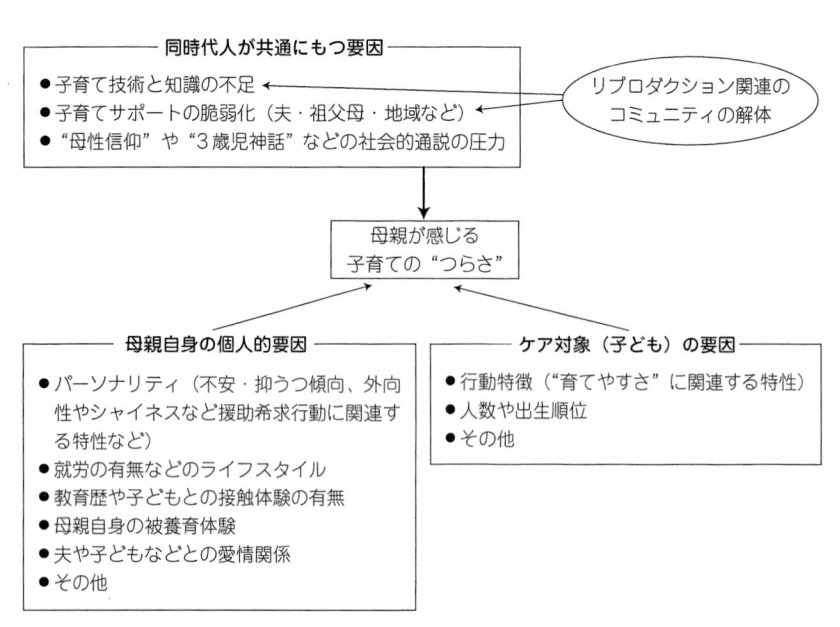

```
┌─── 同時代人が共通にもつ要因 ───┐         ┌──────────────┐
│ ● 子育て技術と知識の不足 ←──┼─────────│ リプロダクション関連の │
│ ● 子育てサポートの脆弱化(夫・祖父母・地域など)←│ コミュニティの解体    │
│ ● "母性信仰"や"3歳児神話"などの社会的通説の圧力│ └──────────────┘
└──────────────────────┘
              ↓
        ┌──────────┐
        │ 母親が感じる  │
        │ 子育ての"つらさ"│
        └──────────┘
         ↗          ↖
┌── 母親自身の個人的要因 ──┐   ┌── ケア対象(子ども)の要因 ──┐
│● パーソナリティ(不安・抑うつ傾向、外向│  │● 行動特徴("育てやすさ"に関連する特性)│
│  性やシャイネスなど援助希求行動に関連す│  │● 人数や出生順位              │
│  る特性など)                │  │● その他                   │
│● 就労の有無などのライフスタイル     │  └─────────────────┘
│● 教育歴や子どもとの接触体験の有無    │
│● 母親自身の被養育体験          │
│● 夫や子どもなどとの愛情関係       │
│● その他                  │
└────────────────────┘
```

図 8-1 母親が感じる「子育てのつらさ」に関連が予想される諸要因（菅原, 1999）

虐待の世代間伝達が言われているが、過去に虐待を受けた者は、子どもの世話をしている時、たとえば泣き止まない時に、突然過去のつらい場面を思い出してしまい（フラッシュ・バックと言われる）混乱して、虐待を繰り返すことが報告されている。

図 8-1 は、育児のつらさや子育てがうまくいかなくなる背景や関連する要因をまとめたものである。3 章 5 節でも述べたが、母親の問題、子どもの問題、家族や社会、文化の問題等、さまざまな要因が関与している。そして夫の協力のなさや子育ての大変さ、焦燥感、子育てがうまくいっていないのではないかという不安感や自尊心の傷つき等が複合的になり、誰からの支援も得られない時、虐待へと至ってしまうと考えられる。コラム 8-2 は虐待の末に餓死させてしまう結果となった悲惨な事件を追ったドキュメントで、両親の発達上の問題と他のマイナス要因が相乗的に働いていることがわかる。

結婚も育児もむずかしい課題であるが、その一方で、ありのままの自分を受容され、他者から必要とされるというそれまでとは異なった経験が含まれ、それが他者との関係のもち方を変える可能性が考えられる。ボウルビィが提唱し

コラム 8-2 『ネグレクト』── それをもたらした要因

　愛知県で 2000 年 12 月、ダンボールに入れられた女児が餓死する事件があった。両親は 21 歳の茶髪の夫婦。共に被虐待歴があり（ネグレクト・身体的虐待）、悲惨な家庭で育つが、差別・拒絶されながらも比較的いい子として育ち、問題をもちながら健気に頑張っている面もある。

　母親は女児をかわいいとも思っていたのだが、女児には発達の遅れがあり、順調に育つ「いい子」の長男を可愛がってしまう。義母になつく娘にいらだち、母親としての自信をもてないでいた。両親とも発達過程への理解がなく、探索行動にいらだったりし、なぜやるのか理解せず折檻のみする。女児は弟への嫉妬から悪い行動をするため、お仕置きでしめだすが、それがダンボールに入れることにつながっていく。母親は対人関係能力が育っていないため、話し相手や相談相手もいないし、発達の遅れは自分への評価になると考えて女児を人に見せたくない。衰弱した娘をどうしたらいいかわからず、放置をかわいそうと思う感性も弱く、放置して死に至らせてしまう。

　父親も被虐待児であるが、真面目で仕事熱心な若者。対人関係能力が不十分でアスペルガー的であるが、誕生を喜び当初は育児にも携わる。しかし夜泣きがこたえ、心が離れていく。その後は仕事とゲームのみで、全く協力しなくなる。自分勝手で未熟である。

　祖母は孫の誕生を喜び世話をする。心配し、何度も預かるが、ただし自分勝手な対応であった。母親は干渉・支配と感じ、助けを求めなくなる。虐待の可能性を知らせた隣人、声をかけ続け、子育てサークルへの参加や健診を促し、訪問を続けた保健師もいたのだが、救うことはできなかった。

　さまざまな負の要因が積み重なり、悲劇につながってしまっている。負の要因の中には、この両親の育ちの問題やそれと関連した彼ら特有の問題もあるが、育児中の母親が持ちがちな気持ち ── うまくいかなくても義母の干渉を受けたくない気持ち、義母になつく娘へのいらだちと母親としての自信喪失、発達が遅れた娘の姿が自分への評価になってしまうことを恐れる気持ち等 ── も関与しており、それが事態を悪化させてしまっている。

〔杉山春『ネグレクト ── 真奈ちゃんはなぜ死んだか』小学館, 2004.〕

た**内的作業モデル**（internal working model; IWM）──自他の有効性に関する内的表象であり対人的情報を処理する際の枠組みになる──は、幼少期からの愛着関係に基づいて構成され変わりにくいとされている（さらに母親のIWMが子どもの愛着の型を規定する──愛着の世代間伝達──ことも示されている）。一方でIWMは対人的環境の大きな変化によって時に変わることも示されており、結婚したり子どもをもつことでそれまでとは異なった対人関係がもたれて、内的作業モデルが変わることも考えられる。コラム8-3は、虐待を受けて育った者が、わが子を虐待する不安をもちつつ、子どもに慕われることでIWMが変わったと考えられる事例である。

2章でも取り上げたデイヴ・ペルザー（コラム2-4参照）も、子どもが自分を慕ってくれることが最大の支えになっている。ひたむきに自分を必要とする者の存在は自分の有効性を感じさせて、それまでもっていた自他の表象を変えることに寄与するのかもしれない。

青年期から成人期にかけての縦断的な検討（山岸, 2011）においても、受容的で理解ある夫と、実母とは全く異なる母性的な義母との交流によって、回避的なIWMから安定したIWMへと変化したと思われる者も見られている。

コラム **コラム8-3　被虐待からの立ち直り**

　子どもの時性的虐待を受けた男性。10歳頃から心に欠損感・空虚感を感じるようになり、それを埋めるものを求めていた。しかし女性とつきあっても、結婚してもそれは埋められなかった。子どもが生まれ、妻の身体が弱いこともあり、懸命に子育てをする。その中で虐待されたことがフラッシュ・バックするようなことがあり、自分も虐待する気持ちになるのを必死で抑え、ひたすら子どもの世話をする。
　子どもが3歳くらいになった時、自分を苦しめた欠損感が消えているのに気づく。「無条件に受け入れてくれる人、自分のことを思ってくれる人がいれば生きていけると思っていたが、それは子どもだった」と述べている。

〔金子, 2002〕

(4) 社会人になる

　初期成人期は、社会人となり職業生活に入る時期である。モラトリアムの状態におかれた青年期とは異なり、職務上の義務や責任を担うことを要求されるが、まだ現実の能力は不十分なため、ストレス度は高い。要求されることと自分の能力のギャップが大きいと、適応がむずかしくなり、退却神経症や抑鬱になる者も見られる。

　レビンソン (Levinson, D.) は、男性の成人期発達を理論化したが、6〜7年の安定期と5年程度の過渡期をくり返すとされる（図8-2）。成人前期は新米成人時代とされ（成人への過渡期として青年後期も含まれている）。大人の世界に入り（22歳〜28歳）、30歳の過渡期（28歳〜33歳）を経て、一家を構える時期（33〜40歳、成人期のはじめの時期）になるまでの、社会人・大人になりたての時期である。青年期に達成した自我同一性に基づき試行錯誤しながら、現実の生活の中でそれを見直し調整して、より具体的・現実的なものにしていく。

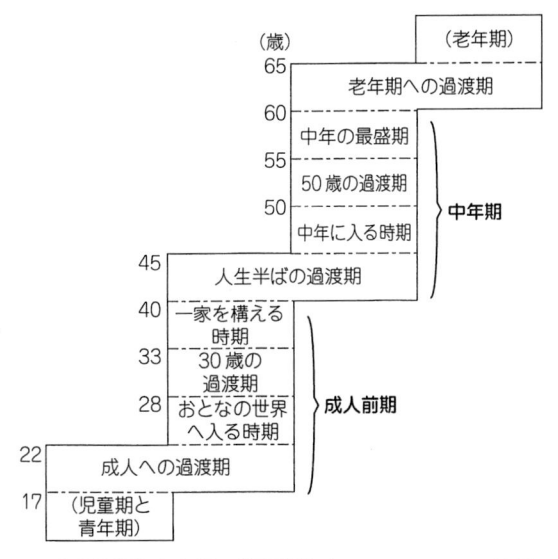

図8-2　成人前期と中年期の発達段階（レビンソン, 1978／南訳, 1992）

第8章　成人期、そして老年期　139

結婚・育児も仕事も青年期に作り上げた自我同一性に基づいてそれを現実とつきあわせ、自分を保ちながら変えていく経験であり、厳然とした現実に出会うという点、また生きる場面が広がっていくという点で共通しているといえる。

2 成人期（中年期、壮年期）

(1) 成人期という時期

　成人期は個人差が大きいが、ほぼ30代後半から40歳代、50歳代を中年期、壮年期という。この時期は人生経験が蓄積されて、職業的地位が上昇したりする一方、身体的な衰えが感じられるようになるし、自分の能力や地位の拡大に限界が見え始め、老いが始まる時期である。ユングによれば、40歳前後は人生の正午であり、それまで抱いていた理想や価値が逆転するという。それまでは上昇過程だったが、下降へと切り変わる時期であり、外的適応を目指して対外的自己確立を課題としてきた40歳までとは異なり、内的適応を目指して「切り捨ててきたもう一人の自分」「生きてこなかった面」を生きることが志向される。ユングはそれを「個性化」といい、一面的な自分でなく、自分という人間の全体性を実現することが目指されるとした。

　40歳は「論語」では「不惑の年」とされるが、実際にはそれまでの生き方ではうまくいかなくなる「惑いの年」であり、生き方を見直す時期である。青年期に生物・心理・社会的変化がおこり、それまでの自分を見直し、変化に見合った新たな自分を構成することが課されるのと同様、中年期にも身体の衰えを感じるというようなさまざまな変化がおこり、生き方を見直す必要に迫られるのである（「**中年期危機**」）。青年期は未来に向けて自我同一性を考えるのに対し、中年期は未来や自分のゴール、あるいは限界ももう見えており、終わりを視野に入れながら考える点で異なっている。

(2) 中年期の心理・社会的変化と発達課題

　中年期におこる心理・社会的変化に応じる形で以下のような発達課題が課さ

れる。

(a) 自己の有限性の自覚

中年期は身体の衰えの自覚と共に始まる。体力や身体的機能の衰え、以前のようには無理がきかない、もう自分も若くないという自覚がもたれ、老眼や白髪に老いを感じる。女性の場合やがて更年期障害がおこる。

仕事は経験を積む中で、面白さがわかり色々なものも見えるようになるし、徐々に責任が重くなり、重要な仕事に携わるようになっていく。その一方で仕事における限界感も感じ、自分の限界も見えてくる。

青年期に広がった時間的展望は、年月と共に未来がせばまり、残り時間は少ないという感覚がもたれる。そして現在から未来を見るという見方が逆転し、限りある未来から現在を見るようになる。生きてきた過程を振り返り（「自分の人生はこれでよかったのか」）、終わりを視野にいれて自分の生の意味を問う。これが**アイデンティティの問い直し**につながる（なおここまでは、ego identity は「自我同一性」としてきたが、成人期研究では「アイデンティティ」が使われることが多いので、以後「アイデンティティ」と表記する）。

(b) 家庭や職場での役割の変化

中年期には社会的役割も大きく変化する。家庭ではそれまで自分に頼り切っていた（故に親にとっては心のよりどころであった）子どもが自立していく。それは対象喪失の体験であり、他に心のよりどころのない場合には、**空の巣症候群**に陥ったりする。子どもが自分の元を離れ自分の巣が空っぽになっていることから母親役割を喪失したことを感じて、「自分の人生は何だったのか」と虚しい気持ちになり、うつ状態に陥りやすい（時期的に更年期障害と重なることもうつを強めることになる）。子どもが巣立った後の自分の生き方、新たな生きがいを見つけること＝現在の状況に合った新たな人生の再構成が課題となる。

子どもの自立と共に夫婦関係にも変化が生じる。子ども中心の家庭から夫婦だけの家庭になり、夫婦が向き合う中で、関係を再確認し、新たな関係を築くこともあるし、長い積み重ねにおいて潜在的にあった問題が表面化する場合もある。さらに中年には老親の介護という課題も加わる。子ども－その親－さらにその親と、3世代がそれぞれ危機的な発達課題を担っているといえる。

職場においても、仕事の範囲が拡大し、責任も大きくなり、職務上の役割は変化する。昇進しチームを運営したり部下を掌握して仕事をさせる等、それまでとは異なった職務が加わる。より大きな達成感や充実感を感じる一方、外部から課せられる要請や責任が増すことで、ストレスも大きくなる。昇進した時に、新しい役割にうまく応じることができず、昇進うつ病になる者もでる。年齢と共に新しい仕事への適応性は減るし、体力の低下はストレス対処にも影響する。特に現代社会は変化が激しいため、中年期の仕事上のストレスは大きい。最近の経済状況の悪化に伴い、リストラが増え、生活不安も増大している。

　家庭および職場での役割の変化に適応できず、中年期危機を乗り越えられない場合は、うつ病、アルコール依存、心身症、燃えつき症候群等になる。

(c) アイデンティティの問い直し

　(a) (b) で述べた自己の有限性の自覚や、家庭や職場での役割の変化は大きな生物・心理・社会的変化であり、それまでの生き方ではうまくいかなくなる。自分の内的状況や外的状況の変化に伴い、今までの自分を問い直し、変化に見合った自分を模索する試みがなされる。青年期と同様のアイデンティティの問い直しである。青年期と異なるのは、若い頃に設定した「人生の夢」とその達成度を問い返す作業が含まれること、また終わりを意識しながら新たな生き方をみつけることである。そして今までの生き方を軌道修正し、再度アイデンティティを決めるのである。表8-1は中年期のアイデンティティの再体制化のプロセスである。

　コラム8-4は、アイデンティティを問い直し、自分がゆく道への決意を固める中年期の思いが歌われた齋藤茂吉の歌である。

(d) 自己確立感、安定感の増大

　中年期の変化は自己の有限性や老いの自覚、あるいは役割喪失など否定的な変化が多いが、肯定的な変化も見られる。仕事、家庭等さまざまな領域で持続的に経験を積み、ベテランになっているため、自信を獲得し安定感をもつようになっている。また幼少期からの葛藤やこだわり等からも解放されることが多く、パーソナリティは安定化する傾向が指摘されている。中年期危機という形で一時的に危機的な状況になっても、アイデンティティが再体制化されれば自

表 8-1 中年期のアイデンティティ再体制化のプロセス (岡本, 1985)

段階	内容
Ⅰ	身体感覚の変化の認識にともなう危機期 ・体力の衰え、体調の変化への気づき ・バイタリティの衰えの認識
Ⅱ	自分の再吟味と再方向づけへの模索期 ・自分の半生への問い直し ・将来への再方向づけの試み
Ⅲ	軌道修正・軌道転換期 ・将来へむけての生活、価値観などの修正 ・自分と対象との関係の変化
Ⅳ	アイデンティティ再確立期 ・自己安定感・肯定感の増大

コラム 8-4　アイデンティティの問い直し —— 齋藤茂吉の歌

　あかあかと一本の道とほりたり　たまきはる我が命なりけり
　かがやけるひとすぢの道遥けくて　かうかうと風は吹きゆきにけり
　野のなかにかがやきて一本の道は見ゆ　ここに命をおとしかねつも
　　〔齋藤茂吉『あらたま』1921; 北杜夫『青年茂吉』岩波現代文庫, 2001 より〕

　うまくいかないことも多く、道は遠く、孤高の道には風が吹き渡っている。自分は倒れてしまうかもしれない。でも自分はこの険しい道を行こうと改めて思う。青年期に選び取った道を、さらに歩み続けようとする強い思いが、情景が目に浮かぶような視覚的な美しさを伴って歌われている。

己確立感が増す。女性の場合、自己確立感や安定感は有職女性の方が専業主婦よりも高い。

　また親になることも表 8-2 のようなさまざまな変化をもたらす。子育ては子

表8-2 親になることによる成長・発達（柏木・若松，1994）

	例
柔軟性	考え方が柔軟になった 他人に対して寛大になった いろいろな角度から物事を見るようになった
自己抑制	他人の迷惑にならないように心がけるようになった 自分のほしいものなどが我慢できるようになった 自分の分をわきまえるようになった
視野の広がり	環境問題（大気汚染・食品公害など）に関心が増した 児童福祉や教育問題に関心をもつようになった 日本や世界の将来について関心が増した
運命と信仰の受容	人間の力を越えたものがあることを信じるようになった 信仰や宗教が身近になった 物事を運命だと受け入れるようになった
生き甲斐	生きている張りが増した 自分がなくてはならない存在だと思うようになった
自己の強さ	多少他の人と摩擦があっても自分の主義は通すようになった 自分の立場や考えはちゃんと主張しなければと思うようになった

どもの中にかつて子どもであった自分の姿を認めたり、その子どもをみつめていた親の視線を感じたり、子ども時代とは異なった視点から再体験する意味もあるだろう。さらに前節でも述べたように、子どもに全面的に頼られ必要とされることで自己確立感、安定感をもつことができるし、責任をもって子どもを育てることで次に述べるように人格的な発達がもたらされる。

(3) 生殖性（世代性）対 停滞

エリクソンは、成人期の発達課題を「**生殖性（世代性）対 停滞**」とした。生殖性（世代性）とは、次の世代をもうけ、それを導くために配慮することであり、自分以外の人やものに力を注ぎ、世話をするという意味である。力を注いで何ものかを生み出し（生殖性）自分が生み出したものを責任をもって育てること。典型的には子どもを生み育てることだが、自分の子どもだけではなく、次世代を育てる事も含むし、ものや思想を作りそれを育てることも生殖性である。

子どもは大人からの養育を受けることにより発達するが、大人の自我発達も実は子どもを育てることによって進行するのである。エリクソンはこれを**相互性**（mutuality）としたが、世代の異なる者のお互いの発達課題が共鳴しあい、相互作用する中でお互いが成長するのである。そして親としてだけでなく、生徒とかかわる中での教師、後輩や部下と共に仕事をし彼らの能力を引き出す先輩・上司も、そのかかわりの中で発達を遂げている。またものとのかかわりの中でも、持続的にかかわってそれを育てることの中には同様のことがあると考えられるし、社会人・職業人として仕事をすることも他者に対する責任を担うことが含まれていて、広い意味での生殖性の達成といえる（コラム 8-5）。

　相手の発達にかかわり、相手をよりよくしたいという思いが、そのために自分を調節することにつながり、相手に働きかけながら、自分も現実により合うように変わっていくことで発達がおこると考えられる。コラム 8-6 と 8-7 にも成人期の発達課題の達成と思われる例をあげた。

コラム 8-5　村上春樹の作品に描かれた成人期の発達課題

　『アンダーグラウンド』は、青年期の同一性拡散の危機と闘いながら自分を探す「青年」の物語を書き続けていた著者の切実な主題が、成人期の問題へと大きくシフトした作品である。著者も最後の章で「さすらいながら自分を模索していく時期は終わりかけ」「自分が社会の中で『与えられた責務』を果たすべき年代にさしかかっていることを認識するようになった」と述べている。

　オウム真理教による地下鉄サリン事件の被害者へのインタビューをまとめたこの本で、著者は淡々と自分の職務を果たす地下鉄職員の言動を描いている。危険であってもそのことを覚悟して、自分の責任として当然のように職務を果たす。気分が悪くなっても「頭の中は仕事のことや係員のことでいっぱいでした」「僕がたまたまその場に居合わせたからやったというだけのことです。もし僕がそこにいなかったら、別の人が袋を拾い上げていますよ。やっぱり仕事というものの責任はまっとうしなくちゃいけない。」自分の生命以上に重要なことがある。責任を担った他者への責任を全うし、彼らを生き延びさせること。

第 8 章　成人期、そして老年期

そのような市井の人がもつ倫理観、仕事の対象になっている人への責任感は、成人期の生殖性、自分以外の他者に力を注ぐことと関連していると思われる。そして村上春樹はその主題を短編「かえるくん、東京を救う」（『神の子どもたちはみな踊る』所収）の中で、よりクリアに描いている。

　かえるくんが、東京に大地震を引き起こそうと企む巨大なみみずくん（地下に住んでいる）と戦って、東京を救おうとしている。その仕事は、命を落としても誰も同情してくれない。首尾よく退治しても誰も褒めてくれない。そんな闘いがあったことすら誰も知らない仕事で、どう転んでも孤独な闘いなのだが、かえるくんは片桐さんに応援を頼む。

　人がやりたがらない地味で危険な仕事を引き受け、認められなくても愚痴も言わず、黙々とこなしている片桐さん、風采があがらず弁もたたず、まわりから軽く見られてしまう片桐さんに、かえるくんは言う。「ともに闘う相手として、あなたくらい信用できる人はいません。僕にはあなたの勇気と正義が必要なのです。」闘うかえるくんの後で「頑張れ、君は正しい」と声をかけてほしいと言われる。

　「平凡以下の冴えない自分、何のために生きているのかもよくわからない人間がなぜ東京を救わなくてはいけないのですか？」ときく片桐さんに、かえるくんは答える。「あなたのような人にしか東京は救えない。そしてあなたのような人のためにぼくは東京を救おうと思う。」

　自分に与えられた役目を真面目に誠実に果たしている人、そのような人々が協力して、目に見えないけれど社会を守っていることが描かれている。そしてそれは一種の生殖性と考えられる。

〔村上春樹『アンダーグラウンド』講談社，1997.
村上春樹『神の子どもたちはみな踊る』新潮社，2000.〕

コラム　コラム 8-6　「折々のうた」にみる成人期の発達課題

　朝日新聞の「折々のうた」（大岡信、2006 年 5 月 12 日・13 日）に取り上げられていた短歌である。
　年末、掃除に来てくれた息子が、帰途交通事故に遭う。全身打撲の重体。

37歳だった息子は、その後十余年、意識を戻すことなく死去する。両親は毎日病床に付き添い、最後まで褥そう（床ずれ）を寄せつけなかったという。

　　臥す吾子のひげそり口をぬぐいつつ　いつの日か父と意識してほし
　　ナースには見せぬ反応母われを　見つめてしきり口を動かす
　　子を看取り日脚伸びたる帰り道　わが心には遠かり春は
　　息（こ）がわれに与えし幸を思いつつ　動かぬ足をもみほぐしいる
〔谷川正・布見子『息子へ』青磁社, 2005 所収〕

　植物人間になってしまった我が子への思いが歌われている。希望のない毎日、前途にも希望はなさそうだが、でも育ててきた過程での楽しかったことを反芻しながら、その記憶と短歌をよむことに支えられて、世話をし続ける人生。老年期のライフレヴューによる統合と似た機制もあるように思われる。自分の過去に肯定的なものを見ることによる人生の肯定、現在が老いや病によって受け入れられないつらいものであっても、人生全体を肯定すること。
　共に生きた過去の日々の一瞬一瞬が彼らの宝物なのだろう。自分の生み出したものを最後まで愛情と責任をもってケアし続ける成人期の姿が見える。

コラム 8-7　神谷美恵子と生殖性課題

　自分がどう生きていくかということを真剣に模索し、周囲の反対を押し切って精神科医になり、ハンセン病患者のために力を尽くす。診察・治療・研究という自分の課題達成に対して強い意志をもち没頭する一方、家族（夫と2人の息子）へのケアと責任を果たすことにも全力でかかわる。家事、育児、家計を支えるためのさまざまな仕事 ── 自分の本来の仕事をする時間がなくなることを嘆きつつ、夫の指導学生の論文の英訳までこなす。家族に対するケアと精神科医としてハンセン病患者のケアに力を注ぐが、彼女は生殖性だけでなくより内的な課題にも取り組み、それが哲学書の翻訳や本の執筆につながっている。

神谷美恵子

〔神谷他, 2004 より〕

神谷美恵子に限らず、家庭をもちすぐれた仕事をした女性の中には、そのような他者のケアと自分独自の仕事を両立させた人が大勢いる。11人の子どもを産み育てながら、家計を維持し、豊かな和歌を作り続けた与謝野晶子。精神的に崩れていく夫を支え、一人で家庭を維持し、子どもを育てつつ（10人を妊り7名を育てる）、女流天才ピアニストとしても活躍したクララ・シューマン。仕事に没頭して2度ノーベル賞を受賞し、夫を失いながら2人の娘を育てた（ノーベル賞受賞の物理学者と芸術家になる）マリー・キュリー。

3　老年期（老人期）

（1）老年期という時期

　60～65歳以降の時期、WHOでは65歳以降は老人期あるいは老年期とされる。この年代になると老化が進み、体力は低下し、さまざまな身体的機能も低下するし、記憶力や知的機能も低下してくる。ただし個人差が大きいし、世代

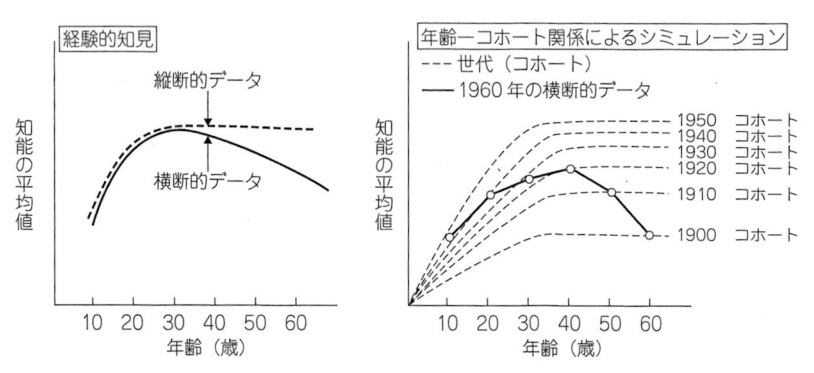

どの世代（コホート）も縦断研究では30歳以降知能は低下せずその値を維持している。一方生きてきた年代が以前である程、教育の機会に恵まれない等不利な者が多いため、知能の平均値は低くなり、1960年時の各コホートの値をつないだ横断的データでは30歳以降低下を示すことになる。

図8-3　コホート効果による、横断的研究と縦断的研究の結果の不一致の説明
　　　（Baltes et al., 1977; 久世・村上, 1988より）

表8-3 エイジズム ——高齢者に対する常識は正しいものなのか？

(パルモア, 1999／鈴木訳, 2005)

次の項目が正しいかどうか答えて下さい。
1. 高齢者の大多数はほとんどいつも惨めだと感じている。
2. 高齢者の4人に3人以上は人の手を借りなくても普通の活動をこなせる程健康的である。
3. 高齢者の大多数は変化に適応できない。
4. たいていの高齢者は、何か新しいことを学習することはほとんどできない。
5. ふつう高齢者は何か新しいことを学習することにより時間がかかる。
6. 高齢者は若い人より鬱状態になりやすい。
7. 高齢者の大多数は退屈など滅多にしない。
8. 一般的には、たいていの高齢者はよく似ているものである。

(正しいのは2, 5, 7)

毎の比較では低下していても、コホートの効果を除くと低下はそれ程大きくないことが指摘されている（図8-3参照）。

社会的にも定年退職等で社会的役割から降りるという大きな変化があり、それらと関係して心理的にも老人は頑な、短気、独断的、ひがみというような否定的なパーソナリティ特性をもつと一般に考えられがちである。しかし**サクセスフル・エイジング**と言われる健康的・適応的な老後を送る者もおり、老年期は必ずしも否定的な面だけではない（表8-3はエイジズム —— 高齢者に対する差別・蔑視 —— を見る質問項目の一部である）。

老年期は下降・衰退・喪失が多いため、かつては発達心理学の対象ではなかったが、近年は上昇・拡大だけでなく、下降・衰退・喪失も発達ととらえるようになっている。それらの変化は否定的変化と思われがちだが、老年期に機能が一部下降・衰退しても健康的・適応的な老後を送ることは可能だし、あるいは衰退・老化を深く経験して負の価値を知ることにより、心が成熟するということもある。そしてそれまでには出会わなかった否定的な変化（老・病・死）を受けとめたり、自分の弱さを引き受けるという新たな課題を担って、そのことにより発達し自己がより深まる場合もあるのである。

(2) 老年期の心理・社会的変化と発達課題

老年期におこる心理・社会的変化に応じる形で以下のような発達課題が課さ

れる。

(a) 身体的衰えへの適応 —— 老いの受容

年齢と共に個人差はあるが、誰もが老い、身体的に衰えていく。衰えることは避けたいことであるが、生物である人間は老い、やがて死んでいく。その現実を認め老いていく自分を受容することが求められるが、現実を認められず、過去に固執して現実否認をする者もいる。また機能の低下に伴い、徐々に今までできたことが一人ではできなくなっていき、人に頼り、世話にならざるをえなくなる。幼児期の自立と反対に、自分の身体を自分の意志でコントロールできなくなっていく。他人の世話が必要な依存的生活は、無力感や恥の感覚をもたらし、つらいことであるが、そのことにも適応していかねばならない。

(b) 対人的・社会的環境の変化への適応

会社等の社会の組織に所属して働いてきた人は定年退職を迎えるし、自営や自由業の人も徐々に次世代に仕事を渡していき、老年期は社会的役割から降りていく時期である。社会的役割から降りることは、その役割に付随していた経済的力や社会的尊敬を失うことであり、社会における地位や居場所を失うことでもある。それまでの生き方を大きく変えなければならないという意味で、「危機的状況」である。一方社会における責任や義務から解放されて自由きままに生きることを可能にする機会でもある。定年のとらえ方や対処にもさまざまなケースがあると考えられる。外的に評価される生産性やそれに伴う社会的尊敬を求める生き方とは異なった、生きがいや充実感を見つける必要がある。

家庭においても対人的環境の縮小という変化が見られる。子どもは独立し別に家族を構成し、配偶者と2人の小家族になる。孫の誕生は嬉しいことだが、一方配偶者との死別という対人的環境の大きな変化に見舞われる場合もある。配偶者を失った後の単独者としての生活は寂しく（配偶者を失うことはホルムズのストレス度の最高得点100点である）、特に生活全般を妻に任せていた男性は打撃が大きい。評論家江藤淳は妻の死後意気消沈し、自死してしまったし、小説家城山三郎は妻がいないということになれることができず、そのことに気づいても、思わず「そうか、君はもういないのか」と話しかけてしまうと嘆き、その言葉が最後の本の書名になっている（新潮社, 2008）。配偶者以外でも友人

等経験を共有し共に生きてきた他者を、自分の意志とは無関係に次々と失う。その孤独に耐えなければならない。

(c) 死の受容、自分の生の受容

誰も生きて経験できない死が近い将来確実に来ることは、不安であり、死の受容はむずかしい。死の不安から心気症状がでて、身体の不調が気になる場合もある。

死への不安は人生への絶望と関連していて、自分の生を受容できることが死の受容につながる。生きてきたプロセスを振り返ることにより、人生で成し遂げてきたことに気づき人生の価値を再発見することが可能なことが報告されている。近年老人に**ライフ・レヴュー**（life review）をしてもらう試みが盛んである。人は自分の人生を物語ることにより、自分の人生を意味づけ受容する。また未解決の葛藤を見直し、再統合することを可能にする。（辞世を残すのも死の直前に人生をしめくくることであり、受動的な死を能動化することにより死を克服する一つの方法と考えられる。）

(d) 完全性（統合）対 絶望

エリクソンの自我発達の第8段階は老年期で、発達危機と発達課題は「**完全性（統合）対 絶望**」である。完全性は自分の人生は自分自身の責任であるという事実を受け入れ、自分の人生を肯定、受容することであり、それを受け入れられず、しかし残された年月はわずかでやり直すことは不可能と感じるのが絶望である。コラム8-8は、自分の人生を受け入れられず絶望していた老人が、自分の人生を振り返る中で人生を意味づけ受容するという老年期の発達課題の達成が描かれている映画である。

(e) 老いの意味

老いは下降・衰退・喪失するだけではなく、そうであるが故の意味がある。上昇・前進・獲得＝自己拡大を目指す生き方とは異なった新たな生き方を見つけ、弱さを引き受けるようになる。そして若い時のように我執にとらわれず、自己を越えたものに目を向けることができるようになっていく。その生き方がまわりの他者に影響を与える。自己拡大を目指す生き方に疲れ、ついていけな

コラム 8-8　老年期の人生の受容 ——『トト・ザ・ヒーロー』

　老人ホームで暮らすトマ老人は人生に絶望している。産院の火事の際に隣家のアルフレッドと取り替えられてしまったと信じ、豊かな彼を羨んできた（トマもよい家族に恵まれ幸せだったのだが）。そして父の死も大好きな姉の事故死も隣家のせいだと感じて、隣家を恨んでいた。大人になり、大好きだった姉にそっくりな女性に恋をし、駆落ちの日、彼女がアルフレッドの妻であることを知る。またアルフレッドのために幸福を奪われてしまった……。彼は彼女のもとを去り、失意の人生を送る。

　老人ホームで、大実業家となったアルフレッドが殺し屋に命を狙われていることをニュースで知ると、自分が殺そうと決心して彼のもとへ行く。その途中前を行くトラックの中に子ども時代の楽しかった場面が生き生きと蘇る。そしてアルフレッドから思いがけず「君のことがずっとうらやましかった」と言われる。幼少期からのことを振り返り、自分は不幸だったという思いは歪んでいて、実は自分は幸せだったということに気づく。そして彼はアルフレッドの身代わりになって銃弾で撃たれて死んでいく。満足の笑いが高らかに響き渡る。

　何の意味もなかったと思っていた人生、アルフレッドへの嫉妬と恨みだけのネガティブだった人生が、回想する中で、ポジティブなものに変わって幸せに死んでいくという話である。回想によって自分の人生が意味づけられ、また未解決だった葛藤（アルフレッドへの嫉妬と恨み）が再統合されている。ライフ・レヴューをすることによる人生の肯定が印象的に描かれている。絶望的人生から統合へ。恨みと復讐の気持ちから、身代わりに死ぬ行動へ。むしろ自分こそアルフレッドの幸せを阻んでいたことに気づいての謝罪の意味があるのかもしれない。彼には伝わらないけれど。

〔ジャコ・ヴァン・ドルマル監督『トト・ザ・ヒーロー』1991.〕

コラム 8-9　老年期の危機と回復──『アバウト・シュミット』

　定年退職の歓送会の場面から始まる。主人公のシュミット氏は、それなりに仕事をしてきたことを誇りに思い、皆もそう言ってくれる。引き継ぎもきちんとしたが、大丈夫か気にかかって、会社に行ってみると、会社は自分なしで順調に動き、後任者は鬱陶しそう、自分が残していった仕事の成果はゴミ捨て場に捨てられていた……。定年退職による存在感の喪失、社会における役割の喪失。その上42年連れ添った妻が急死してしまう。多少嫌気がさしていた妻だったが、死なれてみると寂しく、また妻と友の浮気を知り、愕然とする。娘のフィアンセは冴えない男で、なんとか娘の結婚を止めようとするが、そのことで益々娘と心が離れてしまう。

　一見うまくいっていたようだった自分の人生、でも自分は一体何をしてきたのか。会社に貢献してきたと自負していたのに、定年と共にその自負は崩され、そして仕事ばかりの生活だったため、誰ともつながっていなかった。妻や一人娘、友人との関係は一体何だったのか。老年期の危機に直面して絶望的になる孤独なシュミット氏。

　その彼が、彼の援助で救われたアフリカの子どもから送られてきた絵を見てうれし涙を流す。人生の意味を失ってしまったシュミット氏に存在意義を感じさせてくれたのは、彼に感謝し彼のことを考えてくれている見知らぬアフリカの子どもだった……。これから彼は今までとは違った新しい生き方を見つけるかもしれないという余韻をのこして The End。老年期の危機的状況が一挙に押し寄せてきて、喪失感、絶望感がもたれる様子がうまく描かれている。

　結局今までとは違った形で他者をケアし、その中で人生の意味を取り戻すということなのだろう。リタイアして社会における生殖性は発揮できなくなるが、培ってきたものを使って、次世代のさらに次の世代と交流する。それまでとは異なった新たなかかわりの中での回復。

〔アレクサンダー・ペイン監督『アバウト・シュミット』2002.〕

くなっている者は老人の生き方から励ましを得る。

　また他者を必要とする弱者の老人を援助することで、援助者自身が充実感や自己効力感をもったり、発達したりするし、人間に対する見方に関してもそれまで気づかなかったことに気づくようになる。

　特に祖父母は孫にとって以下のような意味がある。自分の知らない時代の証言者であり、親と違って直接的な責任のない存在として一歩離れた所から子育てを見守ってくれる。老年期の生き様、死に様を見せてくれる。若い世代＝父母とは違った生き方を示すことで、父母の生き方を相対化してくれる。父母に理解されない子どもの世界を再評価し、子どもに生きる力を与える。

　そのような祖父母と孫、あるいは老人と孫の世代の児童との交流、双方が生きる力を与え合う文学作品や映画がたくさんある。そのような物語が必要とされる時代なのだろう。コラム8-9は老年期の危機とそこからの回復の可能性が描かれている。

　老年期の者と孫の世代のかかわりでは、特に男性老人と少年との話が多い。『博士の愛した数式』(小川洋子, 新潮社, 2003) と『夏の庭』(湯本香樹実, 福武書店, 1992) は山岸 (2007) で取り上げたが、その他にも『ウォルター少年と、夏の休日』(T.マッキャンリーズ監督, 2003)『黄昏』(M.ライデル監督, 1981)『グラン・トリノ』(C.イーストウッド監督, 2008) と数多い。親世代からのサポートを十分受けられない、何かしら弱さをもった少年へのケアとサポート。その中で老人は自分が取り組んできた大切なことや生き様をそれとなく伝え、危機的状況から回復し統合された生を全うする（少年もそれを受け取ることにより力を得る）。

　女性は定年によって急に社会の役割を失うということはまだあまりないし、成人期に家庭でケア役割をとることが多いため、老年になってもケアの役割を取りやすい。それに対して男性は他者や社会との関係を大きく変える必要があり、危機への直面が明確でシビアーであるため、小説や映画のテーマになりやすいといえる。

　成人期・老年期の発達を見てきたが、かかわりをもつどの世代も自己内外に生じる変化によって発達的危機に遭遇し、自己の再吟味とアイデンティティの問い直しを迫られていること、他の世代とのかかわりが発達課題の達成に関係していて、お互いの発達段階が交差・共鳴しあい、相互作用する中で双方が発達するということをわかっていただけたと思う。

補章　発達障害

　最近教育現場で発達障害児の問題が目立つようになり、マスコミ等でも広く取り上げられ、書籍もたくさん出版されている。比較的高い頻度で一般的に見られ（文部科学省による全国実態調査（2003）では通常学級で発達障害が疑われる児童生徒が6.3％見られた）、対応がむずかしい一方、不適切な対処は問題をさらに強めてしまう危険性もあり、まわりの人が早期に気づき適切に対処・支援することが重要なので、補章として取り上げる。

1　発達障害とは

　子どもは今まで述べてきたように発達していくが、発達の速度には個人差があり、発達が相対的に遅い子もいる。また発達のさまざまな領域は関連しあっているが、どこかの領域の発達が遅れるというような発達の凹凸が見られることもある。そのような発達の遅れや歪みが大きくなると、生活上で不具合が生じてくるため、特別な教育や支援が必要になる。
　従来の日本では、発達障害は非常に限定的にとらえられていて（知的障害児と肢体不自由児）、適応上の問題があってもそれ以外の発達障害の存在には気づかれず、子どもの性格や育て方の問題とされてきた。たとえば教室で静かに座っていられず歩き回る子がいれば、親がちゃんとしつけていないと非難され、ある領域の学習が極端にできない場合は怠けているのだからしっかり学習させるという対応がなされ、また言葉の発達が遅く人に関心を示さない自閉的な子は、母親が冷たく言葉かけをしないことが原因と言われたりしてきた。研究の進展と共に、そのような発達の遅れ・歪みの中には脳の機能に問題がある場合

があることがわかってきた。そして「障害のある幼児児童生徒の自立や社会参加に向けた主体的な取組を支援するという視点」に立った**特別支援教育**が行われるようになっている。

本章では発達全体の障害ではないが、社会性領域で障害があったり、二次的に社会性領域で問題をもちやすい障害として、「広汎性発達障害」とその一部の「アスペルガー症候群」、「学習障害」、「注意欠陥多動性障害」について概説する。

2　広汎性発達障害

広汎性発達障害（pervasive developmental disorder: PDD）は従来の自閉症だけでなく、知的発達や言葉の発達に遅れが見られない高機能自閉症も含む自閉症グループの総称で、自閉症スペクトラムとも言われる。

自閉症は、(1) 人への反応やかかわりの乏しさ、社会的関係形成の困難さ、(2) 言葉の発達の遅れ、(3) 興味や関心が狭く特定のものにこだわる（固執性）の3つの症状を特徴とする。乳児期からあやしても反応しない、目が合わない、言葉が出てこない、おうむ返し等が見られ、その後も他者との交流がうまくできず、また興味や関心が限られ、強いこだわりをもったり、反復的な行動（常同行動）が見られたりする。

知的発達や言葉の発達の遅れが見られず、対人関係以外ではある程度の適応能力をもっている者を**アスペルガー症候群**という。彼らも人の気持ちがわからなかったり、その場にそぐわない言動をとったりして、対人関係をうまく築けないという社会性領域の問題をもち、また自閉症と同様こだわりや感覚過敏が見られたりする。

3　学習障害

学習障害（learning disability: LD）は、全般的な知的発達の遅れはないが、特定の学習能力（聞く、話す、書く、計算または推論）に著しい困難を示す者を

表補-1　学習障害児のつまずきの例（新井，2000 を一部改変）

聞く	聞き取ることが苦手で、聞きもらしや聞き間違いが多い。
話す	内容をわかりやすく伝えるのがむずかしい　短い表現しかできない
読む	文字の識別に時間がかかり拾い読みになる　文字や行をとばしたり繰り返したり読み間違えが多い
書く	鏡文字、形が似ている字を間違える等正確な文字が書けない　読みにくい字を書く
計算	数字の桁をそろえられない　計算に時間がかかる　暗算ができない
推論	因果関係の理解や図形の把握がむずかしい　早合点や飛躍した考えをする

総称する用語である（つまずきの例は表補-1 の通り）。学習障害は中枢神経系の機能障害によると推定されているが、努力をしてもできないことから自信を喪失し、障害であることに気づかないと、周囲からは怠けている、わざとやろうとしないと思われてしまう。そして本人にとって非常に困難な課題に無理に取り組ませることになり、自分への否定的な思いを強めることになる。障害を正しく理解し、得意なことで自信をもたせ、苦手なことに関しては子どもなりの努力を認めたり、子どもに合った適切な指導を行うことが必要である。

4　ADHD（注意欠陥多動性障害）

ADHD（注意欠陥多動性障害；attention deficit / hyperactivity disorder）は、不注意、多動、衝動性の程度が著しく、日常生活に支障をきたす者を指す。出現率は 3～5％で、男児に多い。注意を集中させることが困難で、外からの刺激によって気が散ってしまい、そわそわしていて授業中も席を離れて動き回っていたり衝動的に振る舞うため、まわりとトラブルをおこしやすい。前頭葉の行動抑制と実行機能の障害に由来し、そのために自分の行動を抑制したりコントロールすることができないとされている。トラブルメーカーとして叱責をうけることが多く、自己評価が低くなりやすい（コラム補-1）。特に小学校にはいると問題になりやすく、授業に集中できないため低学力になりやすいし、いじめの対象になることも多い。

多動性は小学校高学年になると目立たなくなっていく。一方成人になってか

> **コラム** コラム補-1　「トットちゃん」と「こうた」の行動と
> 大人の対処
>
> 　LDとADHDを併せ持っていると思われる個性的なトットちゃんは、授業中窓のそばに立ってちんどんやさんを呼び寄せたり、大きな声でつばめに話しかけたりする。先生を困らせてばかりのトットちゃんは小学1年生で退学になってしまう。その彼女を受け入れた校長は、彼女を叱らず「君は本当はいい子なんだよ」と言い続ける。1981年に出版された女優の黒柳徹子の自伝的エッセイ。個性を認め、それに応じて伸ばす教育が共感を呼び、戦後最大のベストセラーになった。〔黒柳徹子『窓ぎわのトットちゃん』講談社, 1981.〕
>
> 　『オチツケオチツケこうたオチツケ』は、お母さんや先生に怒られてばかりいるADHDのこうたの行動と気持ちが描かれている絵本。こうたは怒られては「ボクハワルイコナンダ」と呟いていたが、精神科医に「(みんなそれぞれ色々な車に乗っているけれど)君の乗っている車はブレーキがききにくい車なんだよ」と言われる。「上手に乗れば、結構すごいらしい」とこうたは嬉しそうだし、まわりの対応も変わっていく。車そのものを乗り換えることはできなくても(障害はあっても)、それに慣れて車に合った乗り方で走ればいいのだというメッセージを得て、ADHDの子や親は励まされるだろう。〔さとうとしなお『オチツケオチツケこうたオチツケ』岩崎書店, 2003.〕

ら気づかれる場合もある。発達障害は見たところは普通であるため理解されにくく、また大人になると支援も受けにくいため、生きづらさをかかえている場合が多いようである。

　図補-1に発達障害の子どもの特性にあった対処法として、ADHDの子どもへの具体的な支援法をあげた。他の発達障害にもそれぞれ具体的な支援法が考えられている。

　以上の障害は重複してもたれることもある。そして周囲の理解や対応が不十分で、自己評価の低下という二次的障害が著しい場合は、反社会的行動につながる可能性もある(コラム7-8参照)。一方で発達障害と思われるような特性をもちながら、社会に適応し活躍する者もある。上野(2003)は学習障害や

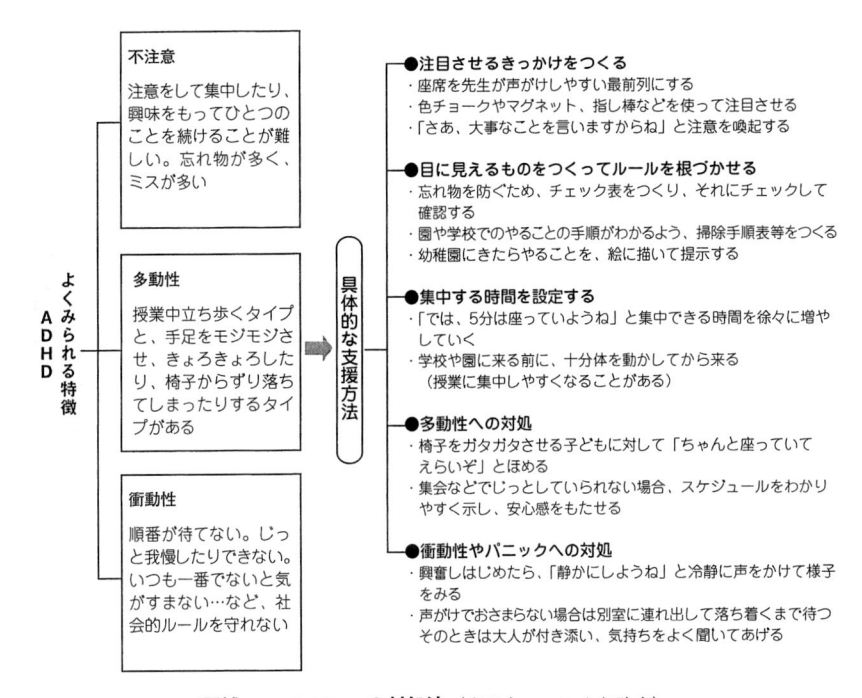

図補-1 ADHDへの対処法 （小野寺, 2009 より改変）

よくみられるADHDの特徴

- **不注意**
  注意をして集中したり、興味をもってひとつのことを続けることが難しい。忘れ物が多く、ミスが多い

- **多動性**
  授業中立ち歩くタイプと、手足をモジモジさせ、きょろきょろしたり、椅子からずり落ちてしまったりするタイプがある

- **衝動性**
  順番が待てない。じっと我慢したりできない。いつも一番でないと気がすまない…など、社会的ルールを守れない

具体的な支援方法

- ●注目させるきっかけをつくる
  - 座席を先生が声がけしやすい最前列にする
  - 色チョークやマグネット、指し棒などを使って注目させる
  - 「さあ、大事なことを言いますからね」と注意を喚起する
- ●目に見えるものをつくってルールを根づかせる
  - 忘れ物を防ぐため、チェック表をつくり、それにチェックして確認する
  - 園や学校でのやることの手順がわかるよう、掃除手順表等をつくる
  - 幼稚園にきたらやることを、絵に描いて提示する
- ●集中する時間を設定する
  - 「では、5分は座っていようね」と集中できる時間を徐々に増やしていく
  - 学校や園に来る前に、十分体を動かしてから来る（授業に集中しやすくなることがある）
- ●多動性への対処
  - 椅子をガタガタさせる子どもに対して「ちゃんと座っていてえらいぞ」とほめる
  - 集会などでじっとしていられない場合、スケジュールをわかりやすく示し、安心感をもたせる
- ●衝動性やパニックへの対処
  - 興奮しはじめたら、「静かにしようね」と冷静に声をかけて様子をみる
  - 声がけでおさまらない場合は別室に連れ出して落ち着くまで待つ
    そのときは大人が付き添い、気持ちをよく聞いてあげる

ADHDと似た発達的特性をもちながら、さまざまな無理解や困難を克服し、能力や個性を花開かせて歴史に残る業績をあげた人をあげている（アインシュタインやエジソンが有名だが、その他にも彫刻家のロダン、画家のレオナルド・ダ・ヴィンチ、ピカソ、ダリ、岡本太郎やウィストン・チャーチル、ジョン・F・ケネディ、アガサ・クリスティなどがいる）。個性豊かな人の中には、発達に凹凸があったり、行動のコントロールがうまくいかない者もいるが、その個性が本人の強い意欲や才能、まわりの人の援助、好都合な状況等によってうまく伸ばされた時に、優れた業績が生み出されていくのかもしれない。

障害があるか否かにかかわらず、誰にでも苦手な領域や発達が遅れがちなところはあるだろう。それらの問題には本人の努力で変えうることと、変ええないことがあると思われる。変えうることは変えていくのが発達であり教育であるが、変ええないものについてはそのことを嘆いたり責めたりするのではなく、本人の気持ちやまわりの対応・状況を変えたり、別のもので補うという対処を

しながら、自分がもつものと折り合いながら受け入れていくことが必要だろう。そのような対応は発達障害を考えていく上で重要であり（もちろん変えうることを増やしていくことも重要だが）、さらに発達一般、誰の発達にも通じることのように思われる。

　発達心理学の人間観は発達の可塑性にあると１章で述べた。人間は経験の中で変わりうる存在だが、しかし変ええないこともある（やがて老いて死んでいくということは変えられない）。そのことを受け入れつつ、人は死ぬまで変化し発達していくのである。

あとがき

　本書は、かつて神谷美恵子氏が精神科医の立場からされたように、人間の発達の姿を「こころの旅」として示しながら、発達心理学のわかりやすい入門書とすることを意図して執筆された。発達心理学も他の科学と同様、実証的な検討をすることにより体系化されてきたものであるが、そのようなデータも使いつつ、それだけでなく発達心理学が明らかにしてきたことに合うような事例をできるだけ多く示すことによって、発達過程を生き生きとしたものとして描くことを試みた。その事例も必ずしも実際にあった「事実」だけではなく、文学作品や映画等のフィクションも含めた。それらの作品では発達心理学が明らかにしてきたことが心うつかたちで表現されていて、作家や監督の人間を見つめる目の確かさ、洞察の深さに改めて感じ入った。生身の人間の姿を通しての学習は、多数のデータから統計的に検討されたものによる学習とは異なった、印象的な学びになるのではないかと思う。

　本書は最先端の研究を取り上げることよりも、発達心理学において広く受け入れられ、現代社会の子ども・人間を理解する上で役にたつような研究をとりあげることを心がけた。書き終わって思うことは、人間の発達や心理に社会・文化の影響は大きい一方、文化によらず普遍的な部分も多いことである（コラムで取り上げた事例には戦争の時の事例や戦前のものもある）。もちろん社会の変化は著しく、生きる場も大きく変わり、現代に特有な問題も多いのは確かである。「現代社会における発達は以前とはこのように違う」「この理論は現代ではこの点で不適切である」ということに関心が向けられやすいが、普遍的な発達の過程やそれを体系化している理論もしっかり学んでほしいと思う。

　本文でも繰り返し述べたように、本書を通じて一番伝えたかったことは、人間がもつ発達の可塑性、限界はあってもそれを受け入れながら状況に応じて変化し続ける人間の姿である。長いこと大学教員をしていながら、卒論指導や研究指導をする機会もほとんどなく、次世代を育てるというエリクソンの生殖性課題を担うことの少ない成人期を過ごしてきたが、本書の執筆によりささやか

ながらその課題を担うことができたように感じている。本書を通じて発達心理学の基本的な知見を学ぶと共に、発達心理学の人間観・発達観への理解も深めて、これからのご自分や他者とのかかわりに生かしていただければ幸いである。

　最後になりましたが、今まで講義を聴いて質問したり感想を聴かせてくれた学生の皆様、研究や著書等を引用・参考にさせていただいた方々、そして前著に引き続き出版を引き受けて下さった新曜社塩浦暲氏に感謝いたします。

　　　　　　　　　　　　　　　　　　　　　　　　山岸　明子

文 献

1章

ハヴィガースト, R. J.　1972 / 児玉憲典他訳　1997　ハヴィガーストの発達課題と教育 ── 生涯発達と人間形成　川島書店

エリクソン, E. H.　1964 / 小此木啓吾訳　1971　洞察と責任　みすず書房

神谷美恵子　1974　こころの旅　日本評論社 / 1982　みすず書房（神谷美恵子著作集 3）

近藤邦夫　1994　教師と子どもの関係づくり ── 学校の臨床心理学　東京大学出版会

無藤隆他　2004　よくわかる発達心理学　ミネルヴァ書房

岡本祐子　2010　成人の発達臨床心理学ハンドブック ── 個と関係性からライフサイクルを見る　ナカニシヤ出版

谷田貝公昭　1992　姿勢と運動の発達　橋口英俊編　新児童心理学講座 3　身体と運動機能の発達　金子書房

2章

安藤寿康　2000　心はどのように遺伝するのか ── 双生児が語る新しい遺伝観　講談社

東洋・柏木恵子・ヘス, R. D.　1981　母親の態度・行動と子どもの知的発達　東京大学出版会

デニス, W.　1973 / 三谷恵一訳　1991　子どもの知的発達と環境 ── クレーシュの子どもたち　福村出版

藤永保他　1987　人間発達と初期環境　有斐閣

ハーロー, H. F.・メアーズ, C.　1979 / 梶田正巳他訳　1985　ヒューマン・モデル ── サルの学習と愛情　黎明書房

早坂隆　2006　世界の日本人ジョーク集　中公新書ラクレ

今井康夫　1990　アメリカ人と日本人 ── 教科書が語る「強い個人」と「やさしい一員」　創流出版

柏木恵子・古澤頼雄・宮下孝広　2005　新版 発達心理学への招待　ミネルヴァ書房

内閣府　1996　日本の青少年の生活と意識：青少年の生活と意識に関する調査報告書第 2 回報告

プライア, V. & グレイサー, D.　2006 / 加藤和生監訳　2008　愛着と愛着障害　北大路書房

高野陽太郎　2008　「集団主義」という錯覚 ── 日本人論の思い違いとその由来　新曜社

山岸明子　2008　なぜ Dave Pelzer は立ち直ったのか ── 被虐待児の生育史の分析　医療看護研究, 4　95-101.

3章

新井邦二郎　1997　図でわかる発達心理学　福村出版

ボウルビィ, J.　1969 / 黒田実郎他訳　1976　母子関係の理論Ⅰ　愛着行動　岩崎学術出版社

繁多進　1987　愛着の発達——母と子の心の結びつき　大日本図書

柏木惠子・若松素子　1994　「親となる」ことによる人格発達：生涯発達的観点から親を研究する試み　発達心理学研究, 5, 72-83.

柏木惠子・古澤頼雄・宮下孝広　2005　新版 発達心理学への招待　ミネルヴァ書房

小嶋秀夫　1996　親となる過程の理解　武谷雄二・前原澄子編　母性の心理・社会学　医学書院

正高信男　1993　0歳児がことばを獲得するとき　中公新書

マッセン, P. H.他　1957 / 三宅和夫・若井邦夫監訳　1984　発達心理学概論Ⅰ　誠信書房

三宅和夫　1991　乳幼児の人格形成と母子関係　東京大学出版会

三宅簾・黒丸正四郎　1971　新生児　NHKブックス

森定美也子　2003　慰める存在と移行対象　井原成男編　移行対象の臨床的展開——ぬいぐるみの発達心理学　岩崎学術出版社

村田孝次　1987　教養の心理学（四訂版）培風館

渡辺久子　2000　母子臨床と世代間伝達　金剛出版

4章

二宮克美・大野木裕明・宮沢秀次　1986　サイコロジー　協同出版

植村美民　1979　乳幼児期におけるエゴ（ego）の発達について　心理学評論 22, 28-44.

マーラー, M. S.　1975 / 高橋雅士他訳　1981　乳幼児の心理的誕生——母子共生と個体化　黎明書房

5章

服部祥子　2000　生涯人間発達論　医学書院

柏木惠子　1996　家族心理学——社会変動・発達・ジェンダーの視点　東京大学出版会

小嶋秀夫　1996　親となる過程の理解　武谷雄二・前原澄子編　母性の心理・社会学　医学書院

Lewis, M.L. et al. 1989　Self development and self conscious emotions. *Child Development*, 60-1, 146-156.

ラム, M. E.　1977 / 依田明監訳　1986　2才までのアタッチメント　ペダーソン, F. A.　父子関係の心理学　新曜社

宮司公子・勝部篤美・原田碩三　1971　幼児の運動能力に関する研究　金城学院大学論集（家政篇）

文部科学省　2010　体力向上の基礎を培うための幼児期における実践活動の在り方に関する調査研究

森敏昭　2004　言語　無藤隆他　心理学 Psychology: Science of heart and mind.　有斐閣

無藤隆他　2004　よくわかる発達心理学　ミネルヴァ書房

中澤潤　2000　子どもをとりまく人間関係　堀野緑他編　子どものパーソナリティと社会性の発達　北大路書房

二宮克美・大野木裕明・宮沢秀次編　2006　ガイドライン 生涯発達心理学　ナカニシヤ出版

杉原隆・近藤充夫・吉田伊津美・森司朗　2007　1960年代から2000年代に至る幼児の運動能力発達の時代的変化　体育の科学, 57, 69-73.

Teti, D.M., & Ablard, K.E. 1989 Security of attachment and infant-sibling relationship : A laboratory study. *Child Development*, 60, 1519-1528.

内田伸子　1989　幼児心理学への招待 ── 子どもの世界作り　サイエンス社

上原輝男　1981　はなぢがナンでぇ ── 子どものことばの記録　童心社

6章

新井邦二郎　1995　教室の動機づけの理論と実践　金子書房

Gauze, C., Bukowski, W.M., Aquan-Assee, J.,& Sippola, L.K. 1996 Interactions between family environment and friendship and associations with self-perceived well-being during early adolescence. *Child Development*, 67, 2201-2216.

堀野緑・濱口佳和・宮下一博編著　2000　子どものパーソナリティと社会性の発達　北大路書房

コールバーグ, L. 1969 / 永野重史監訳　1987　道徳性の形成　新曜社

楠凡之　2002　いじめと児童虐待の臨床教育学　ミネルヴァ書房

文部科学省　1993　家庭教育に関する国際比較調査

文部科学省　2010　平成21年度学校保健統計調査報告書

岡本夏木　1985　ことばと発達　岩波新書

Rholes, W. S. et al. 1980 A developmental study of learned helplessness. *Developmental Psychology*, 16-6, 616-624.

住田正樹　2000　子どもの仲間集団の研究（第2版）九州大学出版会

タカラ（株）　1991　3世代少女文化調査の概要　日本子ども資料年鑑第3巻　1992

内田伸子他　1995　子ども時代を生きる ── 幼児から児童へ　金子書房

山岸明子　1995　道徳性の発達に関する実証的・理論的研究　風間書房

山岸明子　2007　児童期の連帯についての発達心理学的考察 ──「蠅の王」と「芽むしり、仔撃ち」をめぐって　順天堂大学スポーツ健康科学研究, 11, 37-48.

山岸明子　2009　発達をうながす教育心理学 ── 大人はどうかかわったらいいのか　新曜社

7章

ベネッセ教育研究開発センター　2010　第2回子ども生活実態基本調査　教育アンケート調査年鑑2010下

土井隆義　2008　友だち地獄 ──「空気を読む」世代のサバイバル ──　ちくま新書

福岡市こども未来局　2010　次世代育成支援に関するアンケート調査　教育アンケート調査年鑑 2010 下
平石賢二　2010　青年期の親子関係　大野久編　エピソードでつかむ青年心理学　ミネルヴァ書房
堀川玲子　2001　健常小児の成長・思春期発達　小児科診療　*64-6*　805-810.
法務省法務総合研究所　2009　犯罪白書
市村彰英　2002　凶悪な非行 ── 重大少年事件の家族関係を観る　こころの科学 102　非行臨床　68-74.
笠原嘉　1977　青年期 ── 精神病理学から　中公新書
松島公望・橋本広信（編）　2009　ようこそ！青年心理学　ナカニシヤ出版
中西信男他　1985　アイデンティティの心理　有斐閣
西村純一　1994　成人発達の心理学　酒井書店
落合良行・佐藤有耕　1996　青年期における友達とのつきあい方の発達的変化　教育心理学研究, *44*　55-65.
大倉得史　2002　ある対照的な 2 人の青年の独特なありようについて　無藤隆他編　質的心理学研究, No.1, 88-106.
総務省統計局　2010　労働力調査年報　平成 21 年版　日本統計協会
滝川一廣　1994　家庭の中の子ども　学校の中の子ども　岩波書店
谷冬彦　2001　青年期における同一性の感覚の構造 ── 多次元自我同一性（MEIS）の作成 ── 教育心理学研究, *49-3*, 265-273.
田中熊次郎　1975　新訂児童集団心理学　明治図書

8 章

金子龍太郎　2002　「開かれた対人系」として見る生涯発達 ── 児童福祉施設出身者の半生から虐待の世代間連鎖を防ぐモデルを見出す ── 龍谷大学国際社会文化研究所紀要, *4*　185-199.
神谷美恵子他　2004　神谷美恵子の世界　みすず書房
柏木恵子・若松素子　1994　「親となる」ことによる人格発達：生涯発達的観点から親を研究する試み　発達心理学研究, *5*, 72-83.
久世敏雄・村山隆　1988　縦断的研究における青年期の展望　西平直喜・久世敏雄編　青年心理学ハンドブック　福村出版
レビンソン, D.　1978 ／南博訳　1992　ライフサイクルの心理学　講談社
岡本祐子　1985　中年期の自我同一性に関する研究　教育心理学研究, *33*, 295-306.
岡本祐子　2002　アイデンティティ生涯発達論の射程　ミネルヴァ書房
パルモア, A. B.　1999 ／鈴木研一訳　2005　エイジズム ── 高齢者差別の実相と克服の展望　明石書店
シャファー, H. R.　1977 ／矢野喜夫・矢野のり子訳　1979　母性のはたらき ── 子どもにとって母親とは　サイエンス社
菅原ますみ　1999　子育てをめぐる母親の心理　東洋・柏木恵子編　社会と家族の心理

学　ミネルヴァ書房
山岸明子　2007　老人と少年の交流がもたらすもの —— 2つの小説をめぐる発達心理学的考察　医療看護研究, *3*, 102-108.
山岸明子　2011　成人期女性の対人的枠組みの変化と関連する要因 —— 19年後の縦断的変化　日本教育心理学会第53回総会発表論文集, 217.

補章
新井邦二郎　2000　図でわかる学習と発達の心理学　福村出版
文部科学省　2003　今後の特別支援教育の在り方について最終報告書
小野寺敦子　2009　手にとるように発達心理学がわかる本　かんき出版
杉山登志郎　2007　発達障害の子どもたち　講談社現代新書
上野一彦　2003　LD（学習障害）とADHD（注意欠陥多動性障害）講談社＋α新書

索引

◆あ行

愛着　18, 36, 71
　── 関係　76, 129
　── 形成　22
　── 行動　36
　── のタイプ　36
　── のパターン　37
アイデンティティ　110　→自我同一性
　── の問い直し　141, 142, 154
愛の原型　122
赤ちゃん返り　39, 75
アスペルガー（症候群）　130, 137, 156
東洋　28
遊び　95
　── 型非行　128
　── の型　66
　── の場　95
アニミズム　62
安全基地　36, 37, 52
育児ノイローゼ　44
育児不安　135
移行対象　40, 93
いじめ　86, 96
異性　123
依存（欲求）　52, 118
イタール, J. M. G.　17
1語文　58
一次的ことば・二次的ことば　81
遺伝規定説　13
遺伝と環境　13
居場所　126, 128, 150
ウィニコット, D. W.　40
上野一彦　158
エイジズム　149
ADHD（注意欠陥多動性障害）　83, 157-159
エディプスコンプレックス　71
エリクソン, E. H.　4, 5, 8, 10, 11, 33, 35, 36,
　47, 49, 50, 69, 88, 89, 110, 115, 133, 134, 144,
　151

エントレインメント　32, 33
応答性　37, 42, 46, 75, 92
大倉得史　112
岡本祐子　6
親　117
　── になること　143
　── の養育態度　24, 28, 92
親子関係　93, 120
　── の再構成　119

◆か行

学習障害　156
学習目標　97
獲得・増大のプロセス　6
家系研究　13
柏木恵子　28
仮説演繹的思考　106
家族関係　44
金子龍太郎　138
神谷美恵子　4, 5, 147
空の巣症候群　141
感覚運動的知能　60
カンガルーケア　41
完全性（統合）対 絶望　151
危機　8
気質　43
基本的活力　11, 35
基本的信頼　35, 77
基本的生活習慣　50, 52
虐待　37, 129
　── の世代間継承（伝達）　41, 136
ギャング・エイジ　84
ギャング集団　84, 80, 90, 96
急性苦痛症候群　39
共生的な母子関係　52
競争　96
　── と協同　97
兄弟　74
協同遊び　67

169

共同注意　58
共有環境　15
協力・競争　89, 121
クーイング　57
空想上の友人　93, 94
具体的操作　80, 88
クラウス, M.　41
形式的操作期　106
原始行動　29
原始反射　2, 6, 9, 30
行動調整機能　59
広汎性発達障害　156
心の理論　64
ごっこ遊び　62, 68
孤独感　103, 105
ことばの発達　57
子離れへの抵抗　117
コールバーグ, L.　83
近藤邦夫　3

◆さ行────────────
罪悪感　69, 118
サクセスフル・エイジング　149
挫折　129
サリヴァン, H. S.　87, 121
自意識過剰　104, 115
シェマ　60
自我：
　——の発見　103, 104
　——の芽生え　48
自我同一性　108-116, 139　→ アイデンティティ
　——地位　114, 116
　——の達成　110-116
時間的展望　106, 141
子宮外の胎児期　29
自己意識　81
自己確認型非行　128
自己鏡像　48, 49
自己効力感　68, 88, 154
自己像　101, 104
自己中心性　62, 63
自己統制　83
思春期　99
施設病　20

しつけ　27
質的変化　6
児童期　79-98
自閉症　156
　——スペクトラム　156
社会的隔離児　19
社会的支援　44
社会的視点取得　83
社会的微笑　57
シャファー, R.　135
出生前心理学　31
シュプランガー, E.　102
準拠集団　121
順序性　7
生涯発達心理学　2, 7
消失・衰退のプロセス　6
象徴的思考　62
情動調律　42
少年非行　127
初期経験：
　——の重要性　15
　——の剥奪　15
初期成人期　133
自律性　50
自立性　77
自律的道徳性　64
自立欲求　118
親密さへの欲求　121, 122, 125
親密性 対 孤立　133
心理・社会的モラトリアム　110
心理的離乳　117
ストレンジ・シチュエーション法　37, 38
刷り込み・刻印づけ　15
生産性課題　85, 89, 90, 96, 97
生産性 対 劣等感　88
生殖性（世代性）　134, 147
　——対 停滞　144
成人期　133-148
成績目標　97
成長　6
性的嫌悪　124
性的成熟　101
青年期　99-131
　——危機　109
　——の延長　99

生理的早産　29
生理的微笑　30, 33
積極性　77
　　──・自主性　69
接触の快感　32, 34
潜在期　79
前操作的思考　61
早期完了　114
相互依存的自己観　24
相互性　145
　　──の経験　33
相互独立的自己観　24
双生児法　13
壮年期　140
育てにくい子　43, 44

◆た行─────────────
第一次循環反応　61
第一反抗期　48
胎教　31
胎児の能力　30
第二次循環反応　61
第二次性徴　100
第二発育急進期　100
第二反抗期　119
滝川一廣　125
他律的道徳性　64, 86
探索（の基地）　37, 48, 62
父親　71, 73, 90, 91
チャム　86, 87, 90, 121
中年期　140
　　──危機　140, 142
調節　60, 61
直観的思考　62
デニス，W.　20, 21
土井隆義　119
同一化　71, 109
同一性拡散　112, 114, 145
　　──症候群　112, 115
同一性達成　109-116
同化　60
道徳性　129
　　──の発達段階論　83, 84
特殊の愛着行動　37, 40
特別支援教育　156

独立意識　100

◆な行─────────────
内言　59
内的作業モデル　39, 138
内面化　61, 71
仲間　74, 83
　　──との相互作用　64
喃語　57
ニート　116
乳児期　29-46
乳幼児期　55-77

◆は行─────────────
ハヴィガースト，R. J.　8
恥　150
　　──・疑惑　50
　　──と罪悪感　75
発達　6
　　──加速現象　99
　　──課題　8, 9, 10, 35, 49, 88, 110
　　──期待　24, 28, 129
　　──障害　3, 83, 155
　　──段階　6, 8
　　──遅滞　18, 20
　　──の可塑性　13, 18, 23, 160
パーテン，M. D.　66
母親役割　141
ハーロー，H. F.　15, 17, 18, 32
ピア　122
ピアジェ，J.　1, 64, 80, 106
被虐待（児）　22, 91, 138
非共有環境　15
ピグマリオン効果　92
否定的同一性　112, 114
人見知り　37, 53
一人遊び　67
批判的思考　106
敏感性　37, 46
　　──と応答性　134
フリーター　116
ブリッジス，K. M. B.　75
分化と統合　7
分離・個体化　52, 53, 71, 118
平行遊び　67

索引　171

ヘス, R.D. 28
方向性 7
ボウルビィ, J. 20, 36, 136
歩行 47
母子関係 32, 41, 45
母子相互作用 32, 41, 135
母子分離 37, 39, 40, 118
ポスト・トラウマティック・プレイ 69
母性行動 33
母性剥奪 20, 35, 40
保存 62, 80
ポルトマン, A. 29

◆ま行────
マージナル・マン 108
満足の遅延 83
密室での育児 44
ミード, M. 24
無気力 113
無力感 82, 88, 150
メタ認知 107
モデリング 86, 91, 92
モデル 71
モニタリング 81, 107
物の永続性 61
モラトリアム 114
森定美也子 40

◆や行────
野生児 17
山岸明子 22, 86, 91, 138
友人関係 88, 121
有能な赤ちゃん 29
指さし 58
ユング, C.G. 140
幼児期 47-53
養子研究 13
幼児の運動発達 51

◆ら行────
ライフレヴュー 147, 151, 152
ラム, M.E. 71
量的変化 6
臨界期 15, 18
ルイス, M.L. 75
ルソー, J-J. 102
劣等感 96, 101
劣等性 82
レビンソン, D. 139
恋愛 125-126
連合遊び 67
連帯感 84, 96
老年期（老人期） 148-154
ローレンツ, K.Z. 15, 18

著者紹介

山岸明子（ヤマギシ　アキコ）
東京生まれ。東京大学教育学部教育心理学科卒業。東京大学大学院教育学研究科博士課程単位取得退学。教育学博士（東京大学）。順天堂医療短期大学，順天堂大学医療看護学部，スポーツ健康科学部教授を歴任。専門は発達心理学・教育心理学。2014年定年退職。
主要著書（単著）『道徳性の発達に関する実証的・理論的研究』（風間書房）、『道徳性の芽生え―幼児期からの心の教育』（単編，チャイルド本社）、『対人的枠組みと過去から現在の経験のとらえ方に関する研究』（風間書房）、『発達をうながす教育心理学―大人はどうかかわったらいいのか』（新曜社）、『心理学で文学を読む―困難を乗り越える力を育む』（新曜社）、『つらさを乗り越えて生きる―伝記・文学作品から人生を読む』（新曜社）

こころの旅
発達心理学入門

| 初版第 1 刷発行 | 2011年 6 月10日 |
| 初版第 8 刷発行 | 2023年 3 月30日 |

著　者　山岸明子
発行者　塩浦　暲
発行所　株式会社 新曜社
　　　　〒101-0051　東京都千代田区神田神保町3-9
　　　　電話　03(3264)4973・FAX　03(3239)2958
　　　　E-mail：info@shin-yo-sha.co.jp
　　　　URL: http://www.shin-yo-sha.co.jp/

印刷・製本　株式会社 栄　光

©Akiko Yamagishi, 2011 Printed in Japan
ISBN978-4-7885-1237-5　C1011

――― 新曜社の関連書 ―――

発達をうながす教育心理学
大人はどうかかわったらいいのか
山岸明子
Ａ５判224頁
2200円

キーワード心理学 5
発達
高橋　晃
Ａ５判176頁
1900円

エピソードで学ぶ **赤ちゃんの発達と子育て**
いのちのリレーの心理学
菅野幸恵・塚田みちる・岡本依子
Ａ５判212頁
1900円

エピソードで学ぶ **乳幼児の発達心理学**
関係のなかでそだつ子どもたち
岡本依子・菅野幸恵・塚田-城みちる
Ａ５判232頁
1900円

キーワードコレクション
発達心理学 改訂版
子安増生・二宮克美編
Ａ５判248頁
2400円

親になれない親たち
子ども時代の原体験と、親発達の準備教育
斎藤嘉孝
四六判208頁
1900円

子育て支援に活きる心理学
実践のための基礎知識
繁多進編
Ａ５判216頁
2400円

子どもの養育に心理学がいえること
発達と家族環境
H. R. シャファー
無藤隆・佐藤恵理子訳
Ａ５判312頁
2800円

子どもの知性と大人の誤解
子どもが本当に知っていること
マイケル・シーガル
外山紀子訳
四六判344頁
3300円

虐待をこえて、生きる
負の連鎖を断ち切る力
内田伸子・見上まり子
四六判260頁
1900円

発達としての〈共食〉
社会的な食のはじまり
外山紀子
四六判192頁
2200円

やまだようこ著作集第 1 巻
ことばの前のことば
うたうコミュニケーション
やまだようこ
Ａ５判496頁
4800円

（表示価格はすべて税別です。）